Romy Stefanie Becker

Selbst und ständig – Der Weg in die Selbständigkeit

Romy Stefanie Becker

Selbst und ständig – Der Weg in die Selbständigkeit

Aufbau und Meilensteine eines Businessplans für Freiberufler

Trainerverlag

Impressum / Imprint

Bibliografische Information der Deutschen Nationalbibliothek: Die Deutsche Nationalbibliothek verzeichnet diese Publikation in der Deutschen Nationalbibliografie; detaillierte bibliografische Daten sind im Internet über http://dnb.d-nb.de abrufbar.

Bibliographic information published by the Deutsche Nationalbibliothek: The Deutsche Nationalbibliothek lists this publication in the Deutsche Nationalbibliografie; detailed bibliographic data are available in the Internet at http://dnb.d-nb.de.

Coverbild / Cover image: www.ingimage.com

Verlag / Publisher:
Der Trainerverlag
ist ein Imprint der / is a trademark of
OmniScriptum GmbH & Co. KG
Heinrich-Böcking-Str. 6-8, 66121 Saarbrücken, Deutschland / Germany
Email: info@verlag-trainer.de

Herstellung: siehe letzte Seite /
Printed at: see last page
ISBN: 978-3-8417-5091-4

INHALTSVERZEICHNIS

ABBILDUNGSVERZEICHNIS

TABELLENVERZEICHNIS

ABKÜRZUNGSVERZEICHNIS

allg.	allgemein
BFB	Bundesverband der Freien Berufe
bspw.	beispielsweise
bzw.	beziehungsweise
d. h.	das heißt
E-Book	Electronic Book (Buch in digitaler Form)
E-Commerce	Electronic Commerce (elektronischer Geschäftsverkehr)
E-Mail	Electronic Mail (elektronische Post)
EStG	Einkommenssteuergesetz
GbR	Gesellschaft bürgerlichen Rechts
ggf.	gegebenenfalls
GmbH	Gesellschaft mit beschränkter Haftung
GmbH & Co. KG	Gesellschaft mit beschränkter Haftung & Compagnie Kommanditgesellschaft
i. d. R.	in der Regel
Inc.	Incorporated
inkl.	inklusive
i. S.	im Sinne
ISBN	International Standard Book Number (Internationale Standardbuchnummer)
Kap.	Kapitel
lat.	lateinisch
o. Ä.	oder Ähnliche(s)

o. g.	oben genannt
PartGG	Partnerschaftsgesellschaftsgesetz
PC	Personal Computer
PDF	Portable Document Format
PR	Public Relations (Öffentlichkeitsarbeit)
s. o.	siehe oben
u. a.	unter anderem
u. Ä.	und Ähnliche(s)
usw.	und so weiter
USt	Umsatzsteuer
UStG	Umsatzsteuergesetz
VG Wort	Verwertungsgesellschaft Wort
z. B.	zum Beispiel
zzgl.	zuzüglich

1 GRÜNDUNGSVORHABEN

1.1 ALLGEMEINE ANGABEN

Frau Maria Müller möchte sich als Autorin (lat. auctor: Urheber, Schöpfer, Förderer, Veranlasser) respektive Schriftstellerin selbständig machen. Es handelt sich dabei um den Status des Freiberuflers, was das selbständige Ausüben von wissenschaftlichen, künstlerischen, schriftstellerischen, unterrichtenden oder erzieherischen Tätigkeiten zum Inhalt hat. Die freien Berufe haben auf der Grundlage besonders beruflicher Qualifikation oder aber schöpferischer Begabung die persönliche, fachlich unabhängige und eigenverantwortliche Erbringung von Dienstleistungen höherer Art im Interesse der Auftraggeber oder der Allgemeinheit zum Inhalt (§ 18 EStG, § 1 PartGG). Dem Bundesverband der Freien Berufe (BFB) zufolge sind sie durch die Eigenschaften Professionalität, Gemeinwohlpflege, Selbstkontrolle und Eigenverantwortlichkeit charakterisiert.

Frau Müller gründet dazu am Standort Görlitz ein Unternehmen, dessen *erster Schwerpunkt* die Erstellung wissenschaftlicher Texte sowie deren Bereitstellung dieser Texte zum Verkauf sein wird. Es steht demnach der materielle Wert des Endproduktes im Vordergrund. Der *erste Schwerpunkt* des Unternehmens erfüllt somit zwei wesentliche Funktionen. Einerseits ist sie Produzentin und damit für die Produktion von Sachgütern (Waren, *hier:* Texte) verantwortlich, indem sie wissenschaftliche Lektüre mittels Niederschrift herstellt. Andererseits ist sie ein Dienstleister, indem sie produktbegleitende Dienstleistungen wie hier den Verkauf dieser Lektüre auf dem Markt anbietet und diese somit der Öffentlichkeit zugänglich macht.

Das Besondere an dieser Geschäftsidee ist dessen Individualität sowie die Einfachheit der Umsetzung. Individualität deswegen, da die Texte vollkommen unabhängig entstehen, fächerübergreifende Themen beinhalten und über diverse Vertriebswege heterogene Kundengruppen erreichen. Durch ihr spezielles Angebot kann sich Frau Müller von anderen Anbietern absetzen, hat dennoch viele Nachfrager und verfügt somit über ein bestimmtes Angebotsmonopol. Einfachheit der Umsetzung deswegen, weil sie mit wenig Technik, einer einfach handhabbaren Ausstattung und unkomplizierten und nachvollziehbaren Produktionsschritten ihr Produkt, die Texte, herstellen kann.

Der *zweite Schwerpunkt* ihrer Geschäftstätigkeit knüpft an o. g. Schwerpunkt an. Wie bereits beschrieben, bezieht sich Frau Müller im ersten Schwerpunkt auf die Produktion wissenschaftlicher Texte, die sie im Anschluss zum Verkauf anbietet. Dabei handelt es sich um eigene Textideen. In einem *zweiten Schwerpunkt* konzentriert sich Frau Müller auf die Produktion nicht eigener, d. h. fremder Texte i. S. einer Auftragsarbeit. Da diese Geschäftsaktivitäten nur über das Internet abgewickelt werden, ist Frau Müller in diesem Fall als Online-Autorin tätig. Auch diese Texte werden durch den Auftraggeber der Öffentlichkeit zur Verfügung gestellt. Da es sich hierbei um die Erfüllung eines Auftrages handelt, agiert Frau Müller hier als Dienstleister.

Als Autorin ist sie im allgemeinen Verfasserin oder geistige Urheberin von literarischen Werken, die der Sach- und Fachliteratur oder den Gattungen Epik, Lyrik und Dramatik zuzuordnen sind. Frau Müller beschränkt sich in ihrer Tätigkeit als (Online-)Autorin auf die Erstellung von wissenschaftlichen Werken, d. h. sie spezialisiert sich auf das Verfassen von überwiegend Sach- und Fachliteratur. Im Rahmen der Auftragsarbeiten kann es unter Umständen zu Abweichungen kommen.

Ergänzend zu ihrer Tätigkeit als Schriftstellerin möchte Frau Müller sich in einem *dritten Unternehmensschwerpunkt* in den Bereichen Korrektorat und Lektorat betätigen. Aufgabe ist es, vorgelegte Manuskripte und Texte zu bearbeiten, zu redigieren und zu beurteilen.

Die Gründerin kann somit *drei Geschäftsfelder* bedienen – im ersten Geschäftsfeld die Produktion und das Verkaufsangebot ihrer eigenen Texte, in einem zweiten Geschäftsfeld übernimmt sie als Dienstleisterin die Erstellung fremder Texte mittels ihrer schriftstellerischen Tätigkeit und in einem dritten Geschäftsfeld ist sie als Dienstleiterin für das Korrigieren und Lektorieren fremder Texte verantwortlich.

Abbildung 1 Unternehmensgegenstand

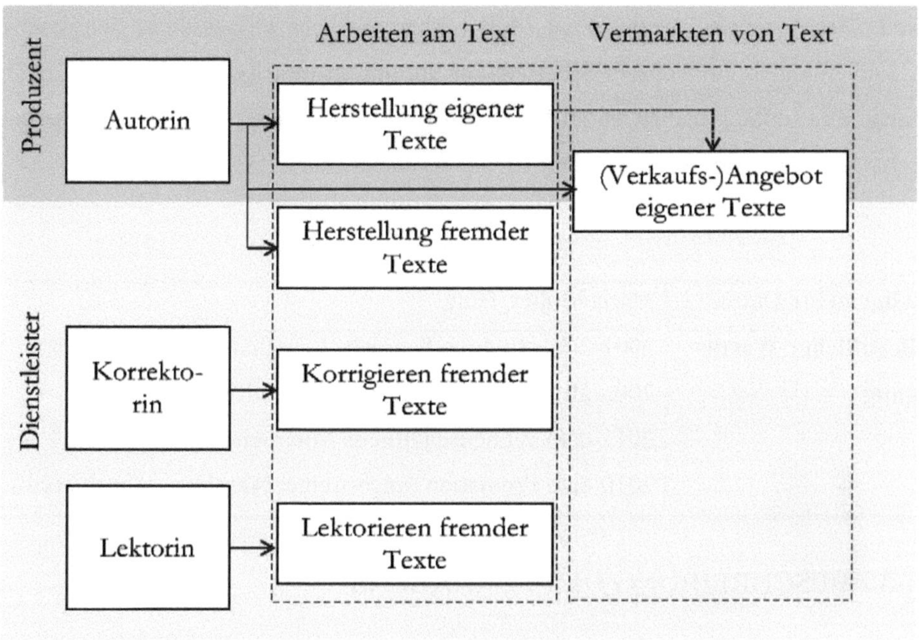

Das zu gründende Unternehmen trägt den Firmennamen *L E C T U R A – recherchieren, zitieren, korrigieren*. Der Beginn der Geschäftstätigkeit ist für Oktober 2013 geplant.

1.2 ANGABEN ZUR GRÜNDERPERSON

Die Gründerin verfügt über fundierte betriebswirtschaftliche Kenntnisse sowie ein ausgeprägtes theoretisches Wissen in den Bereichen Organisation und Unternehmensführung. Entscheidungs- und Handlungsverantwortung konnte sie im Rahmen ihrer Tätigkeit als Wissenschaftliche Mitarbeiterin mehrfach unter Beweis stellen. Im Zuge ihrer Promotion kommt sie stets mit wissenschaftlichen Texten als auch mit damit einhergehenden Herausforderungen in Kontakt. Zudem ist sie fortlaufend mit der Analyse und der Dokumentation von bestehendem und erlangtem Wissen beschäftigt und erfüllt mit diesem Input die Voraussetzungen für ihre Geschäftstätigkeit. Des Weiteren verfügt Frau Müller über ein sehr ausgeprägtes analytisches Denkvermögen, ein sicheres Sprachgefühl und ein großes Repertoire an Texterfahrung. Ihre umfangreichen und verschiedenartigen Erfahrungswerte bilden eine entscheidende Basis für die Aufnahme der unternehmerischen Aktivität.

Tabelle 1 Angaben zur Person Maria Müller

Allgemeine Daten	Maria Müller, ledig
Beruflicher Werdegang	2001-2006 Studium Fakultät Wirtschaftswissenschaften 2006-2011 Mitarbeiterin Career Service 2011-dato Wissenschaftliche Mitarbeiterin 2010-dato Promotion (angestrebter Abschluss: Dr. rer. pol.)

1.3 BESCHREIBUNG DES VORHABENS

L E C T U R A – recherchieren, zitieren, korrigieren. versteht sich als eine Mischform aus Produzent und Dienstleister.

Ausgangspunkt im *ersten Unternehmensschwerpunkt* für den erfolgreichen Verkauf der eigenen wissenschaftlichen Texte als Autorin ist das zu Papier bringen von – nach Möglichkeit – neuem und interessantem Wissen. Ziel und Aufgabe der Gründerin ist dementsprechend die Produktion und auch Dokumentation von verwertbarem Wissen. Das Wissen dokumentiert sie als Manuskript handschriftlich oder mit Hilfe eines PCs und perfektioniert es nach und nach, bis schließlich ein den Anforderungen an den Verkauf und letztendlich auch den Anforderungen des Verlags entsprechendes Schriftstück entsteht.

Das Ergebnis der Erzeugung von verwertbarem Wissen ist nach den Vorstellungen der Gründerin am Ende ein Text bzw. Buch in der Kategorie Sach- und Fachliteratur.

Der Ursprung der ganzen Prozesskette liegt aber erst einmal in der Recherche besonders relevanter, aber auch bedarfsorientierter Themengebiete durch die Gründerin. Dabei muss sie sich mit folgenden Fragen auseinandersetzen:

- Was interessiert die Menschen? Welche Themen beschäftigen sie?
- Was sind aktuelle Themen?
- Gibt es Brennpunkte in Politik und Wirtschaft, über die sich etwas zu schreiben lohnt?

Die Autorin recherchiert aufgrund des Wissens um bestehende Forschungslücken (*hier eher:* Dokumentationslücken) nach geeigneten Themen aus verschiedenen Bereichen wie Gesellschaft, Philosophie, Politik, Psychologie, Wirtschaft, Wissenschaft u. a.

Von immenser Wichtigkeit ist ein aussagekräftiger (Buch-)Titel zum Thema sowie Inhalt passend. Dazu wird sie sich einige Experten, eine Gruppe von Wissenschaftlern, zur Beratung heranziehen. Folgende Fragen stehen im Fokus der Diskussionen:

- Wie könnte ein Titel lauten, der prägnante die Endverbraucher ansprechende Schlüsselworte beinhaltet, aber dennoch den Kern des Buches angemessen wiedergibt?
- Wie erzeugt man diesen Wiedererkennungswert?
- Für welche Inhalte würden die Menschen ihr Geld zweifelsfrei ausgeben?

Ist das Manuskript erstellt, stellt die Autorin den notwendigen Kontakt zu einem ihrer Meinung nach geeigneten Verlag her. An dieser Stelle ist zu erwähnen, dass jede Verlagsgruppe sich auf Fachliteratur aus einem anderen Bereich (s. o.) fokussiert. Demnach gilt zu entscheiden, zu welchem Verlag und in welches Verlagsprogramm das erstellte Manuskript passt.

Damit die eigenen wissenschaftlichen Texte verlegt werden können, werden durch die Gründerin Verträge mit einzelnen Buchverlagspartnern geschlossen. Ein Selbstverlag wird (u. a. aus Kostengründen) durch die Gründerin vorerst nicht angestrebt. Aufgabe des jeweiligen Fach- oder Wissenschaftsverlags ist dann die Prüfung mittels rechtschreiblicher, stilistischer und grammatikalischer Verbesserung der Texte. Neben dem (Verlags-)Lektorat ist der Verlag für die Herstellung, den Druck und die Vervielfältigung sowie die Finanzierung des Textes zuständig, um das fertige Buch dem Endverbraucher dann zu einem mit dem Autor vereinbarten Kaufpreis anbieten zu können. Der Verlag ist darüber hinaus auch für Werbung und den Verkauf der Texte zuständig. Dazu erstellt der Verlag eigene Kataloge. Er präsentiert und vertreibt das Buch über die eigene Homepage als auch über E-Commerce-Versandhäuser. Zudem erfolgt der Verkauf über den örtlichen Buchhandel. Des Weiteren wird sich Frau Müller eine eigene Homepage anfertigen lassen, wo sie über ihre Neuerscheinungen informiert und zudem die Möglichkeit der Kontaktaufnahme anbietet.

Darüber hinaus wird sich Frau Müller im Rahmen ihres *zweiten Unternehmensschwerpunktes* an einige ausgewählte Dienstleistungsunternehmen, *hier:* Agenturen, wenden, die sich die Abwicklung von Auftragsarbeiten zwischen Autoren, Unternehmen und Privatpersonen zum Ziel gesetzt haben. Dort wartet eine Vielzahl von Aufträgen in den verschiedensten Themenbereichen auf die Autoren. Der Text wird eingereicht, bewertet und entsprechend vergütet. Frau Müller ist hier als Online-Autorin tätig.

Dabei gibt es zwei Verdienstmöglichkeiten. Zum einen kann sie eigene verfasste Texte zu den verschiedensten Themen bei der Agentur einreichen. Die Agentur entscheidet dann über entsprechende Verwertungsoptionen. Zum anderen tritt die Agentur mit Aufträgen an die Autorin heran, wonach Frau Müller i. S. eines Dienstleisters den Auftrag entgegennimmt und die Texte nach Vorgaben des Auftraggebers erstellt und umsetzt.

Abbildung 2 Logo

Eine weitere Dienstleistung neben der des zur Verfügung stellen der eigenen Texte auf dem Verbrauchermarkt sowie der Erstellung fremder Texte für Auftraggeber liegt im *dritten Unternehmensschwerpunkt* das Angebot von Korrektorats- und Lektoratsdiensten für nicht eigene Texte durch Frau Müller. Aufgrund ihrer Promotion (Kap. 1.2: Angaben zur Gründerperson) verfügt sie über ein sehr gut ausgebautes soziales Netzwerk am Standort, welches ihre potentiellen Kunden und somit ihre Zielgruppe langfristig bereitstellt.

Diese Dienstleistung besteht dabei insbesondere darin, dass sie Aufträge für zu korrigierende Texte (Beleg-, Haus-, Studien-, Abschlussarbeiten) von Studenten entgegennimmt. Vor allem ausländische Studenten, vorzüglich aus Osteuropa (wie Tschechien, Polen, Ukraine, Bulgarien, Rumänien), werden diese Dienstleistung sehr begrüßen. Frau Müller hat dazu im Vorfeld eine Bedarfsstudie unter ausländischen in Görlitz lebenden Studenten durchgeführt, aus der hervorging, dass eine große Nachfrage nach Korrektorats- und Lektoratsdiensten unter den Studenten besteht. Frau Müller orientiert sich dabei mit ihrer Gründungsidee außerordentlich bedarfsorientiert und kann durch ihren Service die hohe Nachfrage gut befriedigen.

1.4 DIE ZUKÜNFTIGE ENTWICKLUNG

Als Autorin respektive Schriftstellerin kann Frau Müller aufgrund guter Ideen ab Beginn der Geschäftstätigkeit mit einer konstanten Publikationsrate rechnen. Der Kontakt zu den Verlagsgesellschaften wurde bereits hergestellt und die Vertriebswege sind eindeutig definiert. Anfänglich wird sich die Gründerin mit dem Vertrieb über die vom Verlag üblichen Handelsbeziehungen einverstanden zeigen. Nachfolgend wird sie jedoch auch selbständig Werbemaßnahmen über ihre eigene Homepage ergreifen und dort auf die entsprechenden Verkaufsmöglichkeiten hinweisen. Weiterhin ist sie bestrebt, ihre Reputation durch konsequente Präsenz im Internet zu steigern, d. h. sie wird über Neuerscheinungen im Rahmen von Foren informieren, sich über social networks (Soziale Netzwerke) austauschen und eigene Buchrezensionen und Berichte verfassen. Im Weiteren wird die Gründerin am Standort Kunden akquirieren, indem sie in örtlichen Sammelstätten Flyer verteilt. Durch die konsequente und progressive Neukundenakquise wird sich mittelfristig ein steigender Umsatz einstellen. Eine Übersicht über Aktivitäten seitens des Verlags und seitens der Gründerin bietet Tabelle 2.

Tabelle 2 Verkaufsfördernde Maßnahmen als Autorin

Anbieter / **Schauplatz**	**Verlagsgruppe**	**Gründerin**
Homepage	Vertrieb	Akquise
E-Commerce-Versandhäuser	Vertrieb	---
Handel, *hier:* Buchhandel	Vertrieb	---
Internetforum	---	Akquise
social network	---	Akquise
„vor Ort“, Standort	---	Akquise

Auch als Online-Autorin fremder Texte sieht Frau Müller gute Verdienstmöglichkeiten. Der Zugang zu entsprechenden Vermittlungsagenturen ist durch einen Einstufungstest gekennzeichnet. Insofern eine sehr gute Bewertung seitens der Agenturen erfolgt ist, kann sie eigene Texte einreichen oder wird an potenzielle Auftraggeber vermittelt.

Ihre Dienstleistung als Korrektorin bzw. Lektorin wird sie am Standort ebenso mittels geeigneter Werbemaßnahmen zu umsatzgenerierender Bekanntheit führen. Dies wird vordergründig durch Mundpropaganda (mündliche Werbung, Weiterempfehlung) und der Ausgabe von Werbeflyern an entsprechende Zielgruppen erfolgen. Zudem wird sich ihre Reputation über örtlich verteilte Aushänge in den von Zielgruppen besuchten Einrichtungen erhöhen.

Tabelle 3 Verkaufsfördernde Maßnahmen für eigene Texte und Kundenakquise als Korrektorin und Lektorin

Aktivität / **Schauplatz**	**Verkaufsförderung eigener Texte**	**Werbung für Leistungen an fremden Texten**
Homepage	Ankündigung, Link, Bericht	---
Internetforum	Pressemitteilung, Rezession	---
social network	Bericht, Empfehlung	Ankündigung
„vor Ort“, Standort	Mundpropaganda Flyervergabe	Mundpropaganda Flyervergabe Aushänge Plakate Visitenkartenausgabe
Tageszeitung, Wochenblatt	---	Werbung

1.5 GRÜNDE FÜR EINE PUBLIKATIONSTÄTIGKEIT

Einige der wichtigsten Beweggründe, sich selbständig zu machen, wurden bereits ausführlich dargestellt. Die Gründerin möchte als Autorin des Weiteren über ein monatliches Einkommen hinaus Zahlungen für die Publikationen eigener wie auch fremder Texte in Form von Tantiemen erhalten, möchte sich in ihrem Fach profilieren und andere Forscher zu fachlichen Diskussionen anregen. Zudem möchte sie ihre Forschungsergebnisse der wissenschaftlichen Gemeinschaft und der heterogenen Öffentlichkeit vorstellen und (entgeltlich) zur Verfügung stellen. Erst dadurch werden sie existent und können zitiert werden. Durch das Vordringen in die allgemeine Öffentlichkeit möchte sie eine absatzfördernde Publicity erreichen.

Die Zahl und Qualität von Veröffentlichungen dient als Nachweis erfolgreich wissenschaftlicher Tätigkeit. Die Gründerin profitiert vom Prinzip der „Forscherfreiheit", d. h. sie unterliegt keinen äußeren Eingriffen oder Beschränkungen.

2 MARKTANALYSE

2.1 GEGENSTAND UND ZIELSETZUNG DES UNTERNEHMENS

Der *erste Unternehmensgegenstand* ist die Dokumentation und der Verkauf von in Bücher gebundenem Wissen. Mit Gründung des Unternehmens möchte sich Frau Müller eine solide Existenz schaffen und der Öffentlichkeit den Zugang zu neuem Wissen ermöglichen. Durch ihr individuelles Angebot und ein konkurrenzfähiges Preisniveau wird sie ihre Kunden von ihrer Leistungsfähigkeit überzeugen. Das Internet dient dabei als primäre Verkaufsplattform. Der Vertrieb erfolgt dadurch national wie auch international.

Der *zweite Unternehmensgegenstand* ist die Erstellung fremder Texte an Auftraggeber. Auch dort wird Frau Müller durch Qualität und Zuverlässigkeit langfristigen Erfolg erzielen können.

Der *dritte Unternehmensgegenstand* ist die Bearbeitung und Korrektur von nicht eigenen Manuskripten. Durch die hohe Nachfrage ihres Leistungsspektrums am Standort kann sie sich kurz- bis mittelfristig ihren individuellen Kundenstamm sichern und aufbauen.

2.2 DIE KUNDEN

Für das Existenzgründungsvorhaben als Autorin im *ersten Geschäftsschwerpunkt* ergeben sich besonders über das ausgeprägte Kontaktnetzwerk der Gründerin zu diversen Verlagsgesellschaften potenzielle Marktchancen. Der Kundenkreis ist sehr heterogen, dass er sich nicht aus dem Stegreif definieren lässt. Ein Kunde kann dementsprechend jeder Mensch sein.

Der Verkauf der Lektüre erfolgt zum einen über das Internet und zum anderen über den örtlichen Buchhandel. Somit kann sich der Kunde mit dem Wissen des Titels oder der ISBN die Bücher in jeder Buchhandlung (und) an jedem Ort der Welt bestellen.

Man kann aber dennoch davon ausgehen, dass der Kundenkreis überwiegend aus Personen besteht, die in ihrem Alltag mehrheitlich mit Wissen und Wissenschaft in Berührung kommen. Eine Übersicht über potenzielle Kunden der Autorin bietet nachfolgende Tabelle. Daraus geht hervor, dass die Autorin davon ausgeht, dass ihre Kunden vordergründig aus dem Bereich Bildung und Unterricht (Lehre) kommen werden. Die größte Kundengruppe, die die Nachfrage bestimmen wird, werden allerdings Studenten sein.

Tabelle 4 Potenzielle Kunden der Autorin

Bereich	**Endverbraucher, Zielgruppe, Klientel**
Bildung, Unterricht, Erziehung	Studenten
	Wissenschaftliche Mitarbeiter
	Professoren
	Schüler
	Lehrer
	Sonstige Dozenten
Öffentliche Verwaltung	Kommunen
Kunst/Unterhaltung/Erholung	Vereine, Verbände
Freiberufliche, wissenschaftliche, technische, wirtschaftliche Dienstleistungen	Existenzgründer

Für den *zweiten Geschäftsschwerpunkt* können keine Aussagen zu potenziellen Kunden gemacht werden, da die Kunden hier die Auftraggeber sind.

Auch als Korrektorin und Lektorin profitiert die Gründerin am Standort von ihrem ausgeprägten Kontaktnetzwerk zu deutschen wie auch ausländischen Studenten. Ihr Kundenkreis ist in diesem Geschäftsfeld eher homogen. Die Inanspruchnahme der

Dienstleistung des *dritten Geschäftsschwerpunktes* durch die Zielgruppe erfolgt über die Aushänge bzw. Werbeflyer vor Ort. Somit kann der Kunde durch Nutzung entsprechender Kontaktdaten sein Anliegen und somit seinen Auftrag an die Gründerin kommunizieren.

Der Kundenkreis besteht dabei überwiegend aus Personen, die im wissenschaftlichen Bereich Texte erstellen (Studienarbeiten) und ihre erstellten Texte einer sachkundigen Überprüfung unterziehen lassen wollen. Eine Übersicht über diesen homogenen Kundenkreis, bestehend aus mehrheitlich Studenten, aber auch Praktikanten und Doktoranden, bietet Tabelle 5. Zielführend und erfolgsversprechend für die Gründerin ist das Angebot vor allem für Studenten von internationaler Herkunft, da diese oftmals auf eine von Muttersprachlern durchgeführte Korrektur ihrer Texte hinsichtlich Rechtschreibung, Grammatik und Ausdruck im einfachen oder auch Überprüfung der Schlüssigkeit des argumentativen Aufbaus oder Überprüfung von Stil und Ausdruck im professionellen Stil angewiesen sind.

Tabelle 5 Potenzielle Kunden im Korrektorat und Lektorat

Heimatland	**Zielgruppe, Auftraggeber**
Deutschland	Studenten
Tschechien	Praktikanten
Polen	Doktoranden
Slowakei	
Rumänien	
Bulgarien	
Ukraine	
Weißrussland	
Litauen	
Lettland	

2.3 DIE KONKURRENZ

Eine Konkurrenzanalyse für die Gründerin als Autorin respektive Schriftstellerin entfällt an dieser Stelle, weil der Vertrieb der wissenschaftlichen Texte über das Internet durch die inhomogenen Vertriebswege (wie E-Commerce-Versandhäuser) auf seine Art einzigartig und unnachahmlich ist. Jede Verlagsgruppe hat ihre individuellen Vertriebspartner.

Die Anzahl der möglichen Konkurrenten im World Wide Web ist natürlich enorm und für den Otto-Normal-Verbraucher damit auch nicht mehr überschaubar. Insofern ist es umso entscheidender, sich durch ein Alleinstellungsmerkmal aus der Masse hervorzuheben und von ihr abzugrenzen.

Ebenso unüberschaubar ist die Konkurrenz unter den Online-Autoren, die ihre Dienste der Erstellung fremder Texte an potenzielle Auftraggeber zur Verfügung stellen. Somit unterbleibt auch an dieser Stelle eine Analyse der Konkurrenten.

Die Gründerin als Korrektorin und Lektorin sieht sich sicherlich ebenso auf keinem konkurrenzfreien Markt, dennoch kann sie ihre Dienste auf einem dem Standort entsprechendem Preisniveau anbieten und überzeugt durch Individualität, ausgebildete Netzwerke und Bedarfsorientierung. Recherchen in dieser Hinsicht haben ergeben, dass sich am Standort keine durch Internetpräsenz auffallende oder anhand der Gelben Seiten festzustellende Konkurrenz ermitteln lässt. Hingegen lassen sich deutschlandweit zahlreiche Konkurrenten via Internetsuche ausfindig machen. Der Internetmarkt ist auch hier unüberschaubar, so dass eine detaillierte Analyse der Konkurrenz keinen Effekt mit sich bringt. Die Funktionsweise des Internetgeschäftsverkehrs ist dort folgende: der Auftraggeber (*hier:* Zielgruppe, z. B. ein Student) lädt seinen Text hoch bzw. schickt ihn an den Auftragnehmer (*hier:* Korrektorat bzw. Lektorat) per E-Mail, woraufhin der Auftragnehmer den Text gegen Entgelt bearbeitet. Der gesamte Vorgang kann vom Erstkontakt zwischen Auftraggeber und Auftragnehmer bis hin zur Aushändigung und Bezahlung des korrigierten Textes ohne persönlichen Kontakt (face-to-face) von statten gehen.

Um auch als Korrektorin bzw. Lektorin langfristig am Markt bestehen zu können, ist die Erweiterung des Geschäftsmodells auch hier um die elektronische Geschäftskorrespondenz mit einem Internetauftritt langfristig anzustreben.

Um ein angemessenes Preisniveau zu ermitteln und einen Überblick über das Leistungsspektrum der Konkurrenten zu erhalten, wird an dieser Stelle ein Ausschnitt der Konkurrenten im Korrektorat und Lektorat im Internet gegeben. Es werden unterschiedliche Konkurrenten auf bundesweiter Ebene analysiert. Die Einschätzung des Preisniveaus der Konkurrenten beruht dabei auf keinem objektiven Beurteilungsschema, sondern dient nur einem ersten Einblick in die Materie.

Die Preisbildung erfolgt anhand unterschiedlicher Bewertungsmaßstäbe. Ausgangspunkt der Preisbildung ist in jedem Fall eine Normseite im A4-Format, die jedoch von Konkurrent zu Konkurrent fälschlicherweise ganz verschieden gemessen wird. Eine „Normseite“ ist durch die VG Wort als Normseite à 1.500 Anschlägen festgelegt. Der Normvertrag vom 01. Juli 1992 besagt hingegen, dass 30 Zeilen zu jeweils 60 Anschlägen Grundlage der Zeichenberechnung einer Normseite sind.

Bei der Wiedergabe der detaillierten Preise in den Tabellen 6-10 wurde absichtlich auf eine einheitliche Darstellung der Angaben verzichtet, um bewusst die abweichende Sichtweise der Anbieter verdeutlichen zu können.

Aus datenschutzrechtlichen Gründen werden die Konkurrenten nicht namentlich erwähnt, sondern stattdessen fortlaufend nach dem Schema: Konkurrent 1, Konkurrent 2, Konkurrent 3 usw. aufgeführt.

Tabelle 6 Darstellung Konkurrent 1

Firmenname	Konkurrent 1
Leistungen	Korrektorat, Lektorat
Leistungen detailliert	*Korrektorat:* Beseitigung von Tippfehlern, Überprüfung der Rechtschreibung, Korrektur von Zeichensetzung und Grammatik *Lektorat:* Bearbeitung von Stil und Verständlichkeit, Einheitlichkeit der verwendeten Begriffe; bei Texten mit Dokumentations- und Anleitungscharakter Achtgeben auf Anwenderorientierung und eine zusammenhängende, durchgängige Systematik der Fachbegriffe
Preisebene	Sehr hoch
Preise detailliert	250 Wörter = 1 A4-Seite *Korrektorat:* bis 250 Wörter 5,00 €; bis 5.000 Wörter je 250 Wörter 4,80 €; bis 12.500 Wörter je 250 Wörter 4,60 €; bis 25.000 Wörter je 250 Wörter 4,40 €; bis 50.000 Wörter je 250 Wörter 4,20 € Bei Kleinstaufträgen bis 50 Wörter pro Wort 10 Cent, bei Kleinstaufträgen bis 150 Wörter nur 3,3 Cent. Bei allen Aufträgen über 150 Wörter gelten Preise wie oben angegeben. *Lektorat:* bis 250 Wörter 13,50 €; bis 5.000 Wörter je 250 Wörter 12,50 €; bis 12.500 Wörter je 250 Wörter 11,50 €; bis 25.000 Wörter je 250 Wörter 10,50 €; bis 50.000 Wörter je 250 Wörter 9,50 €
Preise detailliert	Bei Kleinstaufträgen bis 50 Wörter pro Wort 27 Cent, bei Kleinstaufträgen bis 150 Wörter pro Wort 9 Cent. Bei allen Aufträgen über 150 Wörter gelten Preise in der 250-Wörter-Staffelung wie oben angegeben.
Leistungsspektrum	Wissenschaftliche Arbeiten Werbeflyer Imagebroschüren

FORTSETZUNG Tabelle 6	
Vorteile	Kein Mindestpreis Keine Grundgebühr Direkte Preisberechnung
Nachteile	Preisintensität Keine Preisunterscheidung zugunsten Studierender
Besonderheiten	Geld-Zurück-Garantie Fehler-Management
Kundenbewertung	4,92/5,00
Organisationsstand	Team an Autoren
Qualifikation	Akademiker mit geisteswissenschaftlichen und/oder sprachwissenschaftlichen Abschluss

Der erste Konkurrent bietet seine Dienste zu einem über dem Durchschnitt liegendem Preis an. Er überzeugt aber durch eine Geld-Zurück-Garantie und ein umfangreiches Fehler-Management. Durch seine Kunden wird er dementsprechend gut bewertet. Dem Kunden bestehen wesentliche Vorteile darin, dass er bei einem Auftrag keinen Mindestbestellwert nachkommen und keine Grundgebühr zahlen muss. Nachteilig ist, dass Konkurrent 1 keine preislichen Vorteile für Studenten gewährt, sondern alle Aufträge gleich berechnet.

Tabelle 7 Darstellung Konkurrent 2

Firmenname	Konkurrent 2
Leistungen	Korrektorat, Lektorat, Übersetzungen, Coaching (Ideenfindung, Konzeption, Recherche, Texterstellung)
Leistungen detailliert	*Korrektorat:* Korrektur von orthografischen, grammatikalischen und syntaktischen Fehlern (Interpunktion und Satzbau) *Lektorat:* Stillektorat: Optimierung von Lesbarkeit und Verständlichkeit, bei Vermittlung komplexer Sachverhalte eine klare, aussagekräftige Sprache; ein logischer, d. h. kohärenter und konsistenter Aufbau des Textes hinsichtlich Struktur und Inhalt Fachlektorat: Überprüfung der fachlichen Richtigkeit des Textes
Preisebene	Hoch bis günstig
Preise detailliert	*Korrektorat:* Preise für das Korrektorat deutscher Texte: Geschäftskunden: ab 4,70 €/1.800 Zeichen zzgl. USt Privatkunden: ab 4,60 €/1.800 Zeichen inkl. USt/Netto: 3,85 € Studenten: ab 2,75 €/1.800 Zeichen inkl. USt/Netto: 2,31 € Übersetzungsservice: Mindestbestellwert: 30,00 € zzgl. USt *Lektorat:* Preise für das Stillektorat deutscher Texte: Geschäftskunden: ab 6,35 €/1.800 Zeichen zzgl. USt Privatkunden: ab 6,20 €/1.800 Zeichen inkl. USt/Netto: 5,22 € Studenten: ab 3,60 €/1.800 Zeichen inkl. USt/Netto: 3,00 € Übersetzungsservice: Mindestbestellwert 30,00 € zzgl. USt *Redaktion:* Geschäftskunden: 65,00 €/Zeitstunde zzgl. USt Privatkunden: 65,00 €/Zeitstunde inkl. USt/Netto: 54,62 € Studenten: 36,00 €/Zeitstunde inkl. USt/Netto: 30,25 €

FORTSETZUNG Tabelle 7	
Preise detailliert	*Konzeption und Coaching:* Geschäftskunden: 65,00 €/Zeitstunde zzgl. USt Privatkunden: 65,00 €/Zeitstunde inkl. USt/Netto: 54,62 € Studenten: 36,00 €/Zeitstunde inkl. USt/Netto: 30,25 € Seminare/Workshops: auf Anfrage *Recherche:* Geschäftskunden: 65,00 €/Zeitstunde zzgl. USt Privatkunden: 65,00 €/Zeitstunde inkl. USt/Netto: 54,62 € Studenten: 36,00 €/Zeitstunde inkl. USt/Netto: 30,25 € Für alle Services gilt: Mindestbestellwert 30,00 € zzgl. USt.
Leistungs-spektrum	Wissenschaftliche Texte (Hausarbeiten, Magisterarbeiten, Examens-arbeiten, Dissertationen) Literarische Manuskripte Schriftliche Präsentationen (Webtexte, Webseiten, Bewerbungen)
Vorteile	Übersetzungsservice Coaching Anpassung Preisniveau an Zielgruppe
Nachteile	Mindestbestellwert
Besonderhei-ten	Unbekannt
Kundenbe-wertung	Unbekannt
Organisati-onsstand	Team an Autoren
Qualifikation	Masterabschluss bzw. Promotion in Sprach- und Literaturwissen-schaften, Soziologie, Philosophie

Der zweite Konkurrent bietet neben Korrektorat und Lektorat noch weitere Dienste wie Übersetzungsleistungen und Coaching an. Dadurch hebt er sich bereits im Hinblick auf seine Leistungsmerkmale von den Konkurrenten ab. Auch die Tatsache, dass Seminare und Workshops im Bereich Coaching angeboten werden, ist ein Zusatzmerkmal. Auch sein Leistungsspektrum übersteigt das Korrigieren von wissenschaftlichen Arbeiten bis literarischen Manuskripten und schriftlichen Präsentationen. Vorteilhaft für den Kunden ist bei diesem Anbieter, dass er seine Preise entsprechend einer Unterscheidung in Geschäftskunden, Privatkunden und Studenten bildet. Mit seinen Preisen liegt er, was die vorliegende Analyse angeht, eher im Mittelfeld.

Tabelle 8 Darstellung Konkurrent 3

Firmenname	**Konkurrent 3**
Leistungen	Korrektorat, Lektorat, Texterstellung, Überarbeitung
Leistungen detailliert	*Korrektorat:* Rechtschreibung, Grammatik, Zeichensetzung, Silbentrennung und formale Einheitlichkeit *Lektorat:* die Überprüfung der Schlüssigkeit des argumentativen Aufbaus, die Überprüfung von Stil und Ausdruck (holprige Stellen glätten, treffende Ausdrücke finden, Redundanzen aufspüren, die richtige Tonalität schaffen), Formalien (Layout, Zitierweise etc.) *Texterstellung* und *Überarbeitung*
Preisebene	Günstig
Preise detailliert	30 Zeilen = 1 A4-Seite (1.650 Zeichen pro Seite); die angegebenen Preise sind Nettopreise. *Textkorrektur:* ab 2,90 € pro Seite Studenten 2,20 € pro Seite, inkl. 2 Korrekturdurchläufe *Lektorat:* ab 3,90 € pro Seite Studenten 3,20 € pro Seite, inkl. 2 Korrekturdurchläufe Zuschlag für Nacht-, Feiertagsarbeit 50 % (Studenten 30 %) Bei kurzen Texten, Mindestauftragspauschale 35,00 €.

FORTSETZUNG Tabelle 8	
Leistungs-spektrum	Wissenschaftliche Arbeit Fachaufsatz Kurzgeschichte Roman Broschüre Website
Vorteile	Neuerstellung von Texten Studententarif Allgemein niedriges Preisniveau Umfassendes Leistungsspektrum
Nachteile	Mindestauftragspauschale
Besonderheiten	Unbekannt
Kundenbewertung	Unbekannt
Organisationsstand	Ein Mitarbeiter
Qualifikation	Akademische Laufbahn (Promotion)

Der dritte Konkurrent bietet neben dem Korrektorat und dem Lektorat noch die individuelle Texterstellung an. Das Leistungsspektrum geht über das standardisierte Programm von wissenschaftlichen Arbeiten über Werbematerialien hinaus bis hin zu Kurzgeschichten und dem Roman. Konkurrent 3 bietet seine Dienstleistungen Studenten gegenüber zu einem reduzierten Preis an. Dieser Konkurrent agiert – verglichen mit den anderen hier betrachteten Konkurrenten – auf einem eher niedrigen Preisniveau.

Tabelle 9 Darstellung Konkurrent 4

Firmenname	**Konkurrent 4**
Leistungen	Korrektorat, Lektorat, Coaching
Leistungen detailliert	*Korrektorat:* Rechtschreibung, Zeichensetzung, Grammatik, formale Gestaltung (Zitierweise, Fußnoten, Literaturverzeichnis), Formatierung *Lektorat:* sprachliche und stilistische Optimierung des Textes, inhaltliche Prüfung, Aufbau, Argumentationsstruktur, Prüfung Text auf Plausibilität und Stringenz *Coaching:* Konzeption der Arbeit, Arbeitsplanerstellung, Ausarbeitung Exposé, Formulierung Frage- und Zielstellung der Arbeit, Entwurf Gliederung, Entwicklung schlüssige Argumentation und roter Faden
Preisebene	Hoch
Preise detailliert	Normseite = 1.700 Zeichen; alle Angaben erfolgen in brutto. Studenten: Einfaches *Korrektorat:* Preis netto 1,51 € (zzgl. USt, Preis brutto 1,80 €) *Korrektorat:* Preis netto 2,52 € (zzgl. USt, Preis brutto 3,00 €) *Lektorat:* Preis netto 4,03 € (zzgl. USt, Preis brutto 4,80 €) *Zusatzarbeiten:* Formatierung, Layoutkorrekturen: 40,34 €/Stunde (zzgl. USt, Preis brutto 48,00 €) *Textcoaching, Beratung:* 40,34 €/Stunde (zzgl. USt, Preis brutto 48,00 €) Doktoranden, Wissenschaftler, Privatkunden: *Korrektorat:* Preis netto 3,30 € (zzgl. USt, Preis brutto 3,93 €) *Lektorat:* Preis netto 5,00 € (zzgl. USt, Preis brutto 5,95 €)

FORTSETZUNG Tabelle 9	
Preise detailliert	*Zusatzarbeiten:* Formatierung, Layoutkorrekturen: 50,00 €/Stunde (zzgl. USt, Preis brutto 59,50 €) *Textcoaching, Beratung:* 50,00 €/Stunde (zzgl. USt, Preis brutto 59,50 €) Eilzuschläge: 50 % (eilige Aufträge, Feiertags- oder Wochenendarbeit) Der Mindestauftragswert beträgt 30,00 €. Aufträge unter 30,00 € werden zum Mindestsatz von 30,00 € abgerechnet.
Leistungsspektrum	Examensarbeiten, Seminararbeiten Dissertationen Habilitationsschriften Sachbücher Fachartikel
Vorteile	Coaching und Zusatzleistungen Eilaufträge werden angenommen
Nachteile	Mindestauftragswert
Besonderheiten	Unbekannt
Kundenbewertung	Unbekannt
Organisationsstand	Ein Mitarbeiter
Qualifikation	Akademische Laufbahn (Promotion)

Der vierte Konkurrent agiert auf einem relativ hohen Preisniveau. Auch er bietet zusätzlich zum Korrektorat und Lektorat noch das Textcoaching und einen Beratungsservice an. Seine Zielgruppen stammen hauptsächlich aus dem akademischen Bereich.

Tabelle 10 Darstellung Konkurrent 5

Firmenname	**Konkurrent 5**
Leistungen	Korrektorat, Lektorat, Transkription, Übersetzung
Leistungen detailliert	*Korrektorat:* Rechtschreibung, Grammatik, Zeichensetzung *Korrektorat & Lektorat:* Stil, Ausdruck, Stringenz, Absätze, Gliederung *Transkription:* Umwandlung digitale Sprachaufzeichnung in Texte *Übersetzung* von Muttersprachlern
Preisebene	Sehr günstig
Preise detailliert	30 Zeilen = 1 A4-Seite; alle genannten Preise sind inklusive der gesetzlichen Mehrwertsteuer. *Korrektorat* ab 1,65 € *Korrektorat & Lektorat* ab 2,45 € *Transkription* ab 1,70 € *Übersetzung* ab 1,65 €
Leistungsspektrum	Wissenschaftliche Texte (Bachelor- und Diplomarbeiten, Masterthesis, Dissertationen, Paper) Flyer Broschüren Bücher Werbezeitschriften Magazine Facharbeiten Berichte
Vorteile	Direkter Kontakt zum Lektor oder Übersetzer 24-Stunden-Service, 7 Tage die Woche Sehr günstiges Preisniveau Transkription und Übersetzungsleistungen
Nachteile	Unbekannt

FORTSETZUNG Tabelle 10	
Besonderheiten	Webbasiertes Workflowsystem Plagiatskontrolle (insbesondere bei wissenschaftlichen Texten) Service richtet sich ausschließlich an Studenten
Kundenbewertung	Sehr zufrieden
Organisationsstand	Freie Mitarbeiter
Qualifikation	Korrektorats- und Übersetzungserfahrungen, hohes Maß an Stilsicherheit und genaue Kenntnis der Rechtschreibregeln

Der fünfte Konkurrent hat das für den Endverbraucher (unter Berücksichtigung der getroffenen Auswahl an Konkurrenten) attraktivste Preisniveau. Sein Leistungsspektrum übersteigt das Korrektorat und Lektorat von wissenschaftlichen Arbeiten, indem er sich auch der Überarbeitung von Werbeflyern und Broschüren bis hin zu Werbezeitschriften und Magazinen widmet. In seinen Service beschränkt sich der Anbieter jedoch auf das Bedienen von ausschließlich Studenten.

Die Gründerin wird sich bei der Bildung ihrer Preise auf einem für die Zielgruppe günstigen Preisniveau einordnen (Kap. 3.3: Der Service – Korrektur wissenschaftlicher Texte). Um abschließend einen direkten Vergleich von der Bandbreite der Preisvorstellungen der Konkurrenten zu erhalten, werden in Tabelle 11 noch einmal die Preise für das Korrektorat und in Tabelle 12 die Preise für das Lektorat für die Zielgruppen Studenten, Privatpersonen und Geschäftskunden gegenübergestellt.

Tabelle 11 Übersicht Preisniveau beim Korrektorat der Konkurrenten

Nr. des Konkur-renten	Korrektorat			
	Studenten	**Privatkunden**	**Geschäftskun-den**	**Preisniveau**
1	4,20-5,00 €			Sehr hoch
2	2,75 € brutto 2,31 € netto	4,60 € brutto 3,85 € netto	4,70 € brutto	Hoch bis güns-tig
3	2,20 € netto	2,90 € netto		Günstig
4	Einfach: 1,80 € brutto 1,51 € netto Standard: 3,00 € brutto 2,52 € netto	*Wissenschaftler, Privatkunden:* 3,93 € brutto 3,30 € netto		Hoch
5	1,65 € brutto	Keine Angabe	Keine Angabe	Sehr günstig

Tabelle 12 Übersicht Preisniveau beim Lektorat der Konkurrenten

Nr. des Konkur-renten	Lektorat			
	Studenten	**Privatkunden**	**Geschäftskun-den**	**Preisniveau**
1	9,50-13,50 €			Sehr hoch
2	3,60 € brutto 3,00 € netto	6,20 € brutto 5,22 € netto	6,35 € brutto	Hoch bis güns-tig
3	3,20 € netto	3,90 € netto		Günstig
4	4,80 € brutto 4,03 € netto	*Wissenschaftler, Privatkunden:* 5,95 € brutto 5,00 € netto		Hoch
5	2,45 € brutto	Keine Angabe	Keine Angabe	Sehr günstig

2.4 DER STANDORT

Sitz des Unternehmens ist gleichzeitig der Wohnsitz der Existenzgründerin. Aufgrund der Einfachheit und der geringen Komplexität der Geschäftsaktivitäten ist diese Standortwahl während der Anlaufphase die kostengünstigste Variante. Die Kommunikation mit den Verlagsgruppen sowie den Zielgruppen erfolgt über moderne Medien wie dem Internet oder das Telefon. Gesetz dem Fall, dass sich Umsatz und Geschäftsportfolio kurzfristig erhöhen, wird unter Kostengesichtspunkten eine Neuorientierung des Unternehmenssitzes geprüft.

Frau Müller ist bestrebt, die Transaktionskosten so gering wie möglich zu halten. Dennoch ist bei erfolgreicher Umsetzung des Gründungskonzepts davon auszugehen, dass die Büroausstattung infolgedessen erweitert werden muss und dementsprechend eine Umsiedlung des Büros angestrebt wird.

Eine Standortanalyse für den *ersten Geschäftsschwerpunkt*, der Erstellung und dem Verkaufsangebot von eigenen Texten ist nicht erforderlich, da sich diesbezüglich die Tätigkeiten im Grunde standortunabhängig realisieren lassen. Lediglich für die Werbemaßnahmen „vor Ort“ wäre zu prüfen, inwiefern potenzielle Zielgruppen an einem anderen Standort besser erreicht werden können.

Auch für den *zweiten Geschäftsschwerpunkt* wird dem Standort keine Bedeutung zuteil, da die Kommunikation mit den Agenturen ausschließlich über das Internet und das Telefon stattfindet und die Geschäftsbeziehungen standortunabhängig bestehen.

Im *dritten Geschäftsschwerpunkt* sieht die Situation etwas anders aus, da die Gründerin die Akquirierung ihrer Kunden vorerst am Standort plant, um im Weiteren zu einem späteren Zeitpunkt auch hier die Möglichkeiten des Internets für sich zu nutzen (Kap. 2.3: Die Konkurrenz).

Im Falle des dritten Geschäftsschwerpunktes wird daher eine Standortanalyse für zwei in Frage kommende Standorte durchgeführt. Diese werden den Kriterien einer Nutzwertanalyse unterzogen.

Mit der höheren Punktzahl ist Görlitz der optimale Standort. Dies liegt zum einen daran, dass sich der Standort in Grenznähe befindet und somit die Zielgruppe der ausländischen Studierenden greifbar werden lässt und zum anderen daran, dass Lebenshaltungs- wie auch Raumkosten in Görlitz entsprechend niedriger ausfallen wie in Dresden. Die Standortanalyse wird in Tabelle 13 dargestellt.

Tabelle 13 Standortanalyse

Kriterium	**Gewichtung**		**Görlitz**		**Dresden**
		Bewertung	Punktzahl	Bewertung	Punktzahl
Verkehrsanbindung	5	2	10	5	25
Lebenshaltungskosten	25	5	125	3	75
Raumkosten	15	5	75	3	45
Marketingpotenziale	20	2	40	5	100
Kundennähe (Studenten allgemein)	15	3	45	5	75
Kundennähe (Studenten international)	20	5	100	0	0
Summe	**100**		**395**		**320**

3 DAS LEISTUNGSPROGRAMM

3.1 DIE PRODUKTE – HERSTELLUNG WISSENSCHAFTLICHER TEXTE

Die Produkte (*hier:* eigene Texte) orientieren sich überwiegend am Stand der Forschung, d. h. an bestehenden Publikations- und Dokumentationsdefiziten, aber auch an aktuellen die Öffentlichkeit interessierenden Themen. Das Leistungsspektrum ist somit überaus individuell, orientiert sich aber auch an den Bedürfnissen der Kunden. Die Gründerin verfügt über ein sehr vielseitiges und umfangreiches Textangebot, da sie viele Themenbereiche abdecken kann. Dies geht mit einer erhöhten Nachfrage und daraus resultierend einem erfolgsversprechenden Verkauf einher.

Von der Existenzgründerin werden Inhalte und Texte aus den in Tabelle 14 aufgelisteten Bereichen angeboten. Zudem wird dargestellt, um welchen Typ von Publikation es sich dabei handelt.

Wie bereits dargestellt (Kap. 2.2: Die Kunden), erwartet Frau Müller bei der Produktion und dem Verkauf ihrer Texte nicht nur den Zuspruch von Kunden aus dem akademischen Bereich – wie es mehrheitlich im Unternehmensfeld Korrektorat und Lektorat der Fall sein wird. Vielmehr beansprucht sie bei der Verwertung ihrer Texte die Aufmerksamkeit anderer Bereiche. Ihre Zielgruppen kommen demzufolge zusätzlich aus der Öffentlichen Verwaltung, aus dem Bereich Kunst und Unterhaltung sowie dem Bereich der insbesondere freiberuflichen und wissenschaftlichen Dienstleistungen.

Tabelle 14 Leistungsprogramm als Autorin

Themenbereiche	Gesellschaft
	Philosophie
	Politik
	Psychologie
	Sozialwissenschaft
	Wirtschaft
	Wissenschaft (allg.)
Typ der Publikation	Monographie (Einzelschrift)
	Lehrbuch
	Handbuch (Nachschlagewerk)
	Taschenbuch
	Buchbeitrag (mehrere Autoren)
	Aufsatz in Fachzeitschriften
	Beitrag in Tagungs- und Sammelbänden
	Artikel, Bericht, Beitrag in Zeitschriften

3.2 DIE DIENSTLEISTUNG – BEREITSTELLUNG WISSENSCHAFTLICHER TEXTE

Die kooperierenden Verlagsgruppen bieten die Texte über ihre Homepage an, arbeiten zudem aber mit E-Commerce-Versandhäusern zusammen, die dann über ihre Verkaufsplattformen die Produkte ebenfalls verkaufen. Durch das ausgeprägte Vertriebsnetzwerk bieten die Verlage selber wie auch ihre Kooperationspartner, die elektronischen Versandhäuser, ihre Produkte zudem als E-Books, d. h. als elektronische Bücher an. Diese werden dem Endverbraucher in Form eines transportablen Dokumentenformats (PDF) zugänglich gemacht, sind meist kostengünstiger als die Printversion und durch einfachen Download dem Kunden sofort verfügbar.

Nachfolgende Übersicht zeigt einige potenzielle internationale wie nationale Vertriebspartner der kooperierenden Verlagsgruppen auf. Dies soll in diesem Kontext aber nur einen Ausschnitt der elektronischen Versandhäuser darstellen.

Tabelle 15 Vertriebskanäle E-Commerce-Versandhäuser

Ausrichtung	Elektronisches Versandhaus
International	Amazon, Inc.
	eBay, Inc.
National	Weltbild GmbH
	Libri GmbH
	Buch24 GmbH

Des Weiteren wird sie sich mit ihren eigenen wie auch mit fremden Texten als Online-Autorin an Vermittlungsagenturen wenden und agiert dort als Dienstleister. Da viele Webmaster nicht die Zeit oder nicht das Können haben, professionelle Texte zu erstellen, geht ein Trend hin zum Web-Block-Text-Kauf. Ziel ist dabei, Texte für andere Webseiten gegen Bezahlung zu schreiben. Diese Vermittlungsagenturen oder auch sogenannte Contentbörsen stellen ihre Dienstleistung in Form einer Plattform zur Verfügung, die sich darauf spezialisiert hat, die Nachfrage nach Inhalten (Content), d. h. Texten zu bedienen. Es geht darum, seine Texte als Dienstleister zu verfassen und anzubieten.

Die Existenzgründerin ist bestrebt, sich auch als Online-Autorin einen Namen zu machen und für einen Großteil der Contentbörsen tätig zu werden.

Eine Übersicht über die wichtigsten und bekanntesten Contentbörsen bietet Tabelle 16. Zudem gibt die Tabelle Einsicht in die Verdienstmöglichkeiten als Online-Autorin.

Tabelle 16 Übersicht über die bekanntesten Contentbörsen

Internetname Agentur	**Name Agentur**	**Verdienst je nach Einstufung**
Content.de – einfach guter Inhalt	Content.de Aktiengesellschaft	0,8-4,5 Cent/Wort
Textbroker.de – Textmarktplatz	Sario Marketing GmbH	0,7-4,0 Cent/Wort
Contentworld.com – die Contentbroker	ACCOMM Communications GmbH & Co. KG	71,5 % vom Verkaufspreis
Contentmaximus.de	PR-Media GmbH	1,0-8,0 Cent/Wort
Texterjobbörse.de – die Börse für Auftragstexter	Maik Wildemann & Sebastian Schöne 2.0Promotion GbR	Keine Angabe

3.3 DER SERVICE – KORREKTUR WISSENSCHAFTLICHER TEXTE

Im Leistungsrepertoire enthalten sind Beratung, Korrektorat und Lektorat. Arbeiten des Korrektorats beinhalten die Beseitigung von Tippfehlern sowie die Verbesserung von Rechtschreibung, Grammatik, Zeichensetzung und Satzbau. Im Lektorat werden Schriftstücke zusätzlich stilistisch optimiert wie auch auf Verständlichkeit hin überprüft und ggf. überarbeitet. Die stilistische und redaktionelle Aufbereitung der Texte ist ebenso Aufgabe der Lektorin wie das professionelle Korrekturlesen und Redigieren der Schriftstücke.

Frau Müller bietet ihre Leistungen im Korrektorat und Lektorat für eine Vielzahl von Textträgern an. Somit kann sie neben der Bearbeitung von herkömmlichen Texten in z. B. Abschlussarbeiten auch die Korrektur von Webauftritten, Plakaten, Visitenkarten, Werbebroschüren oder sonstigen Geschäftsunterlagen übernehmen. Eine entsprechende Übersicht über die Leistungen bietet Tabelle 17.

Tabelle 17 Leistungsprogramm im Korrektorat und Lektorat

Service	Beratung der Kunden	Layout Formatierung Grafische Umsetzung
Korrektorat *(Basis)*	*von:* Manuskripten Hausarbeiten Studienarbeiten Abschlussarbeiten	Rechtschreibung Grammatik Zeichensetzung Silbentrennung Formale Einheitlichkeit
Lektorat *(Feinschliff)*	Wissenschaftlichen Texten Aufsätzen Werbe-Flyer Webseiten Werbebroschüren Postwurfsendungen Plakaten Poster Visitenkarten Präsentationen Anschreiben Lebensläufen	Rechtschreibung Grammatik Zeichensetzung Stil Ausdruck Verständlichkeit Terminologie Formalien (Layout, Zitierweise u. a.)

In Tabelle 18 ist eine Preisübersicht von Frau Müller für die Dienstleistungen im Korrektorat als auch im Lektorat dargestellt. Bei der Preisbildung orientiert sich die Gründerin an den Vorgaben der VG Wort, nach deren Aussage eine Normseite mit 30 Zeilen 1.500 Anschläge umfasst. Die Preise werden für die Zielgruppen Studenten, Privat- sowie Geschäftskunden festgelegt.

Tabelle 18 Preisliste Korrektorat und Lektorat

Zielgruppen	Korrektorat	Lektorat
Studenten	1,80 € netto/brutto	2,60 € netto/brutto
Privatkunden	2,40 € netto/brutto	3,20 € netto/brutto
Geschäftskunden	2,60 € netto/brutto	3,40 € netto/brutto

Am Beispiel verdeutlicht heißt das, wenn ein Student eine Hausarbeit einreicht, die 29 Seiten Fließtext umfasst und er das Lektorat in Anspruch nimmt, so ergibt das einen Verdienst (im Fall netto entspricht brutto) in Höhe von 75,40 Euro. Die Erfahrung wird jedoch deutlich machen, ob die Preise kurz- oder mittelfristig (Senkung oder Erhöhung des Preisniveaus) angepasst werden müssen.

3.4 DER MARKTEINTRITT

Das Marktpotenzial und die Motivation zur Unternehmensgründung als Schriftstellerin sowie als Korrektorin bzw. Lektorin werden vordergründig durch das akquirierte Verlagsnetzwerk und die damit verbundenen bestehenden sehr guten Kontakte sowie der sich aus der am Standort durchgeführten Bedarfsanalyse ergebenden Leistungsnachfrage gefördert. Das ermöglicht die Erwirtschaftung eines monatlichen Grundumsatzes. Mit fortschreitender Geschäftstätigkeit soll ein leistungsstarkes Referenzportfolio entstehen und auf dem Markt etabliert werden.

Diese Etablierung auf dem Markt erfolgt durch kurz- und mittelfristig initiierte Werbemaßnahmen auf dem Internet-Marktplatz sowie durch Mundpropaganda und Flyerausgabe am Unternehmensstandort (Kap. 1.4: Die zukünftige Entwicklung).

Der Selbstverlag ihrer wissenschaftlichen Texte ist durch die Gründerin mittelfristig nicht in Planung, da der Selbstkostenanteil für die Herstellung der Bücher in der Anlaufphase nicht durch Eigenmittel finanziert werden kann. Um allerdings langfristig steigenden Umsatz zu generieren, wäre der Selbstverlag eine gute Alternative, da dort die Gewinne vollständig, d. h. in voller Höhe dem Urheber zugutekommen.

In nachfolgenden fiktiven Beispielen sei an dieser Stelle die Berechnung der Einnahmen von Frau Müller erklärt. Insofern Frau Müller die Aufträge von zwei Studenten und einem Privatkunden pro Woche in der Lage ist zu bearbeiten, kann sie mit einem Verdienst in Höhe von 1.344,00 Euro rechnen. Würde sie zusätzlich noch einen Geschäftskunden pro Woche ihren Service anbieten können – und an Geschäftskunden verdient die Existenzgründerin das meiste Geld pro Seite –, hätte sie einen akzeptablen Monatsverdienst.

Tabelle 19 Rechenbeispiel 1 zu monatlichem Einkommen

Anzahl Personen pro Woche	**Zielgruppe**	**Dienstleistung**	**Seitenanzahl**	**Betrag pro Woche**	**Summe (für vier Wochen)**
2	Studenten	Lektorat mit 2,60 €/Seite	40	208,00 €	832,00 €
1	Privatkunde	Lektorat mit 3,20 €/Seite	40	128,00 €	512,00 €
Summe					**1.344,00 €**
1	Geschäftskunde	Lektorat mit 3,40 €/Seite	40	136,00 €	544,00 €
Summe					**1.888,00 €**

Tabelle 20 Rechenbeispiel 2 zu monatlichem Einkommen

Anzahl Personen pro Woche	**Zielgruppe**	**Dienstleistung**	**Seitenanzahl**	**Betrag pro Woche**	**Summe (für vier Wochen)**
1	Geschäftskunde	Lektorat mit 3,40 €/Seite	100	340,00 €	1.360,00 €
Summe					**1.360,00 €**

Werden alternativ drei Studenten pro Woche in der in Tabelle 21 angegebener Form bedient, kommt ein monatlicher Verdienst von 1.760,00 Euro zustande.

Tabelle 21 Rechenbeispiel 3 zu monatlichem Einkommen

Anzahl Personen pro Woche	**Zielgruppe**	**Dienstleis-tung**	**Seitenan-zahl**	**Betrag pro Woche**	**Summe (für vier Wochen)**
3	Studenten	Lektorat mit 2,60 €/Seite	40	312,00 €	1.248,00 €
1	Privatkunde	Lektorat mit 3,20 €/Seite	40	128,00 €	512,00 €
Summe					**1.760,00 €**

Tabelle 22 Rechenbeispiel 4 zu monatlichem Einkommen

Anzahl Personen pro Woche	**Zielgruppe**	**Dienstleis-tung**	**Seitenan-zahl**	**Betrag pro Woche**	**Summe (für vier Wochen)**
1	Student	Korrektorat mit 1,80 €/Seite	30	54,00 €	216,00 €
1	Student	Lektorat mit 2,60 €/Seite	30	78,00 €	312,00 €
1	Geschäfts-kunde	Korrektorat mit 2,60 €/Seite	30	78,00 €	312,00 €
1	Geschäfts-kunde	Lektorat mit 3,40 €/Seite	30	102,00 €	408,00 €
Summe					**1.248,00 €**

4 UNTERNEHMENSORGANISATION UND PERSONAL

4.1 DIE PERSONALSTRUKTUR

Neben der Existenzgründerin werden keine weiteren Personen im Unternehmen beschäftigt sein. Es ist geplant, dass nicht nur kurz-, sondern auch mittelfristig kein Personal eingestellt werden soll. Die Gründerin sieht sich in ihren Kompetenzen als soweit qualifiziert, dass sie die Geschäftstätigkeit alleine vollziehen kann.

4.2 DIE RECHTSFORM

Als Rechtsform eignet sich am besten das Einzelunternehmen, worunter die selbständige Betätigung einer einzelnen natürlichen Person als *hier:* Freiberufler verstanden wird.

Folgende Argumente begünstigen diese Wahl:

- Das Einzelunternehmen kann ohne große finanzielle Rücklagen von einer einzelnen Person gegründet werden.
- Die Gründung erfolgt formlos und kostengünstig.
- Es ist keine Mindestkapitaleinlage erforderlich.
- Der Einzelunternehmer hat die vollständige Entscheidungsfreiheit und Verfügungsgewalt über das Betriebsvermögen.
- Der gesamte Gewinn steht allein dem Inhaber zu.

Der Betreiber eines Einzelunternehmens ist, sofern er eine bestimmte Umsatzgrenze nicht überschreitet, von der Bilanzierung befreit und ermittelt seinen Gewinn durch die Einnahmenüberschussrechnung.

Die Gründerin wird die Kleinunternehmerregelung nach § 19 UStG in Anspruch nehmen, wonach sie keine Umsatzsteuer abführen muss.

4.3 KOMPETENZ- UND VERANTWORTUNGSVERTEILUNG

Die vollständige Verantwortung liegt bei der Geschäftsführerin. Sie ist für alle Bereiche des Unternehmens allein verantwortlich. Dabei übernimmt sich die Entscheidungsbefugnis für die vollständige Planung, Vorbereitung wie auch Umsetzung aller Geschäftstätigkeiten.

Sie ist dabei im Rahmen ihrer Autorentätigkeit im *ersten Unternehmensgegenstand* insbesondere zuständig für u. a.:

- Steuerung und Durchführung des Produktionsprozesses
    - Recherche und Ideengenerierung
    - Niederschrift (Manuskript, Reinschrift)
    - Korrekturlesen
- Steuerung und Durchführung des Bereitstellungsprozesses
    - Kontaktaufnahme mit diversen Verlagsgruppen
    - Übermittlung der Texte
    - Vertragsabwicklung mit den Verlagsgruppen
    - Ggf. Initiierung eigener Werbemaßnahmen

Sie ist dabei bezüglich ihrer Tätigkeit als Online-Autorin im *zweiten Unternehmensgegenstand* verantwortlich für u. a.:

- Bereitstellung und Durchführung der Autorendienste
    - Einreichung Leseprobe für eine Beurteilung durch die Agenturen
    - Auftrags- und Vertragsabwicklung mit den Agenturen und den Auftraggebern
    - Angebot und Übermittlung eigener Texte
    - Erstellung fremder Texte

Sie ist dabei im *dritten Unternehmensschwerpunkt* im Rahmen ihres Korrektorats und Lektorats insbesondere zuständig für u. a.:

- Bereitstellung und Durchführung der Korrektorats- und Lektoratsdienste
    - Angebotserklärung (über Aushänge, Flyer)
    - Auftrags- und Vertragsabwicklung mit den Auftraggebern
    - Leistungserbringung (z. B. Überprüfung Manuskript auf Rechtschreibung)

Neben der Gewährleistung vom Ablauf der Produktherstellung über die Übermittlung der Texte an die Verlagsgruppen bzw. die Agenturen ebenso wie die Gewährleistung der Korrektorats- und Lektoratsdienste ist die Gründerin für folgende Unternehmensbereiche verantwortlich:

- Produktentwicklung (für eigene und für fremde Texte: i. S. Informationsbeschaffung)
- Beschaffung und Einkauf (*hier:* z. B. Druckerpapier, Toner; allg.: Büromaterial)
- Planung und Steuerung der Produktionsabläufe (s. o.)
- Marketing und Kundenbindung (Internetauftritt, Homepagepflege, Flyerentwicklung, Aushänge vor Ort)
- Vertrieb, *hier:* Bereitstellung der Texte (Online-Shop, Hyperlinks)
- Innerbetriebliche Verwaltung (Buchführung, Datenverwaltung, Geschäftsdokumente)

5 FINANZBEDARF

5.1 DER UNTERNEHMERLOHN

Zunächst erfolgt die Ermittlung der monatlichen Lebenshaltungskosten. Das sind fixe und variable, zum Teil private und zum Teil betriebliche Kosten, die der Gründerin jeden Monat entstehen und in den ersten Wochen der Gründung noch nicht durch eigene Umsatzerlöse gedeckt werden können. Es handelt sich dabei zum einen um Ausgaben, die in Tabelle 23 unter Haushalt zusammengefasst sind und zum anderen um Versicherungsbeiträge für verschiedene Arten von Versicherungen (wie Kranken- und Pflegeversicherung). Da der Sitz des Unternehmens gleichzeitig der Wohnsitz der Existenzgründerin ist (Kap. 2.4: Der Standort), wird die Miete zur Hälfte als private Ausgabe und zur anderen Hälfte als betriebliche Ausgabe gerechnet. Das Gleiche gilt dementsprechend für Strom- und Heizkosten. Alle in nachfolgenden Gliederungspunkten beschriebenen, der Gründerin entstehenden betrieblichen Ausgaben finden im Unternehmerlohn keine Beachtung.

Eine ausführliche Auflistung darüber, wie sich der Unternehmerlohn zusammensetzt, befindet sich in der Anlage I Unternehmerlohn.

Tabelle 23 Ermittlung Unternehmerlohn

	Angaben in Euro [€]
Haushalt	590,00
Versicherungen	450,00
Gesamt (mindestens benötigte Einnahmen)	1.040,00
Sonstige Einnahmen (z.B. Mieteinnahmen)	0,00
Ausgaben (erforderlicher Unternehmerlohn)	**1.040,00**

5.2 DER INVESTITIONSBEDARF

Für den Betrieb des Unternehmens ist die Anschaffung von Betriebsmitteln erforderlich, wofür finanzielle Mittel in der entsprechenden Höhe bereitgestellt werden müssen.

Besonders neue PC-Hard- und Software sowie notwendige Ergänzungen der gegebenen Büroausstattung sind für die Bewältigung der umfassenden Arbeitsaufgaben unumgänglich.

Vor allem in der Anfangsphase ihrer Geschäftsaktivitäten fallen der Gründerin zumeist hohe Kosten an, denn sie muss sich mit einem für die Ausübung ihrer Tätigkeit notwendigem Inventar ausstatten. Zudem sollte sie geeignete Marketingstrategien zur Kundenakquise umsetzen und allem voran sind fachkundige Beratungen unabdingbar für das Gelingen des Geschäftsmodells.

Dank ihres einfach umzusetzenden Geschäftsmodells (Kap. 1.1: Allgemeine Angaben) sind die anfallenden Kosten überschaubar. Lediglich zu Beginn der Geschäftstätigkeit müssen wichtige Investitionen getätigt werden. Die laufenden Kosten sinken in den darauffolgenden Monaten.

Der Bedarf an finanziellen Mitteln resultiert aus den Gründungskosten sowie den Anlaufkosten für den Unternehmensstart, den Werbekosten und den Kosten für betriebliche Anschaffungen (Investitionen für Betriebs- und Geschäftsausstattung). Eingeplant werden sollte zusätzlich eine Sicherheitsreserve.

Auf dieser Grundlage beruht der folgende Investitionsplan. Der Investitionsplan gibt an, wo Investitionen in welcher Höhe einkalkuliert werden müssen. Die vollständige Berechnung befindet sich in der Anlage II Investitionsbedarf.

Tabelle 24 Investitionsbedarf

	Angaben in Euro [€]
Gründungskosten	200,00
Werbekosten	800,00
Bürokosten/Geschäftsausstattung	2.600,00
Sicherheitsreserve	400,00
Gesamt	**4.000,00**

Der Investitionsbedarf bildet die Grundlage für den Finanzierungsplan.

Tabelle 25 Finanzierungssumme

	Angaben in Euro [€]
Finanzierungsbedarf	3.600,00
Sicherheitsreserve	400,00
Gesamt	**4.000,00**

Die Existenzgründerin verfügt über Eigenmittel in Höhe von 3.000,00 Euro, die mit ins Geschäftsvermögen eingebracht werden können.

Um die Finanzierungsumme in Höhe von 4.000,00 Euro aufbringen zu können, beabsichtigt die Existenzgründerin, ein zinsloses Darlehen bei einem privaten Kapitalgeber aufzunehmen. Laut Vereinbarung ist das Darlehen tilgungs- und zinsfrei und ist zum gegebenen Zeitpunkt in Absprache zurückzuzahlen. Dadurch entfällt für die Gründerin die Berechnung des Kapitaldienstes und es entfallen monatliche Zins- wie auch Rückzahlungen.

Die Höhe des Darlehens lässt sich damit begründen, dass Frau Müller zu Beginn ihrer Geschäftstätigkeit neben den geplanten Investitionen auch ihre privaten wie auch betrieblichen Ausgaben decken muss und diese Kosten durch eigene Einnahmen in der Anfangsphase noch nicht beglichen werden können. Sie hat demnach nicht nur dafür Sorge zu tragen, dass sie ihre geplanten Investitionen umsetzen kann, sondern dass sie darüber hinaus ausreichend Kapitel zur Sicherung ihres Lebensunterhalts aufweisen kann.

Tabelle 26 Mittelherkunft

	Angaben in Euro [€]
Eigenmittel Existenzgründerin	3.000,00
Zinsloses Darlehen bei Kapitalgeber	5.000,00
Gesamt	**8.000,00**

5.3 DER KAPITALBEDARF

Der Kapitalbedarfsplan stellt fest, wie viel Kapital für die Gründung und die unternehmerische Anlaufphase benötigt wird. Gablers Wirtschaftslexikon definiert den Kapitalbedarf als die Summe der für die unternehmerischen Aktivitäten erforderlichen finanziellen Mittel einer Periode. Die anfallenden privaten Ausgaben (Kap. 5.1: Der Unternehmerlohn) werden in der Berechnung nicht mit berücksichtigt.

In der Tabelle 27 ist der Kapitalbedarf für den ersten und den zweiten Geschäftsmonat dargestellt. Ab dem zweiten Monat sind vorerst keine weiteren Investitionen vorgesehen. Da die Investitionssumme zu Beginn der Geschäftstätigkeit einmalig ist, ändert sich der Kapitalbedarf ab dem zweiten Geschäftsmonat. Mit einbezogen in die Berechnungen werden über den Investitionsbedarf hinaus die Kosten für Miete und Strom zu jeweils 50 % und die Versicherungsbeiträge in Höhe von 450,00 Euro. Es handelt sich dabei demnach um die Investitionen erweitert um die grundlegenden monatlichen Belastungen in Form von betrieblichen Raum- und Stromkosten und den Versicherungsbeiträgen. Steht das berechnete Kapital zur Verfügung, können alle anfallenden und kalkulierten betrieblichen Kosten zzgl. einer Reserve („Sonstige Kosten“) bedient werden.

Die ausführliche Berechnung befindet sich in Anlage III Kapitalbedarf.

Tabelle 27 Kapitalbedarf für die ersten zwei Monate

	Angaben in Euro [€]	**Angaben in Euro [€]**
	1. Monat	2. Monat
Investitionsbedarf (inkl. Anlaufkosten)	2.350,00	0,00
Kosten Beratung, Werbung, Telekommunikation, Internet, Büro, Versicherung etc.	1.650,00	730,00
Sonstige Kosten	190,00	100,00
Gesamt	**4.190,00**	**830,00**

5.4 DER KOSTENPLAN

Der Kostenplan schlüsselt alle geplanten Kosten der Gründerin auf. Dieser ist vor allem wichtig für die Beurteilung der Kostenentwicklung über einen bestimmten Zeitraum hinweg. Mit Hilfe des Kostenplans wird deutlich, in welchen Bereichen welche Arten von Kosten anfallen. Zudem bietet er die Möglichkeit der Kostenkontrolle und gibt den notwendigen Spielraum zum Intervenieren. Zusätzlich im Kostenplan enthalten sind sogenannte „Sonstige Kosten" wie z. B. Kosten für Unvorhergesehenes oder als Reserve für die Startphase.

Einen detaillierten Überblick über die ersten 36 Monate der Geschäftstätigkeit bietet Anlage IV Kostenplan.

Tabelle 28 Entwicklung der Kosten im ersten halben Jahr

Angaben in Euro [€]					
1. Monat	2. Monat	3. Monat	4. Monat	5. Monat	6. Monat
4.190,00	**830,00**	**780,00**	**870,00**	**800,00**	**830,00**

Wie in Tabelle 28 erkennbar ist, nehmen die Kosten bereits ab dem zweiten Monat rapide ab und pegeln sich im Verlauf der ersten sechs Monate auf einem relativ konstanten Niveau ein. Die Kosten in Höhe von 4.190,00 Euro im ersten Monat sind durch die hohen Investitionskosten vor allem in die Geschäftsausstattung und den erforderlichen Werbemaßnahmen zu begründen. Ab dem zweiten Monat werden jeweils 100,00 Euro als Reserve mit in die Kalkulation aufgenommen.

Abbildung 3 Gesamtkosten im ersten Geschäftsjahr

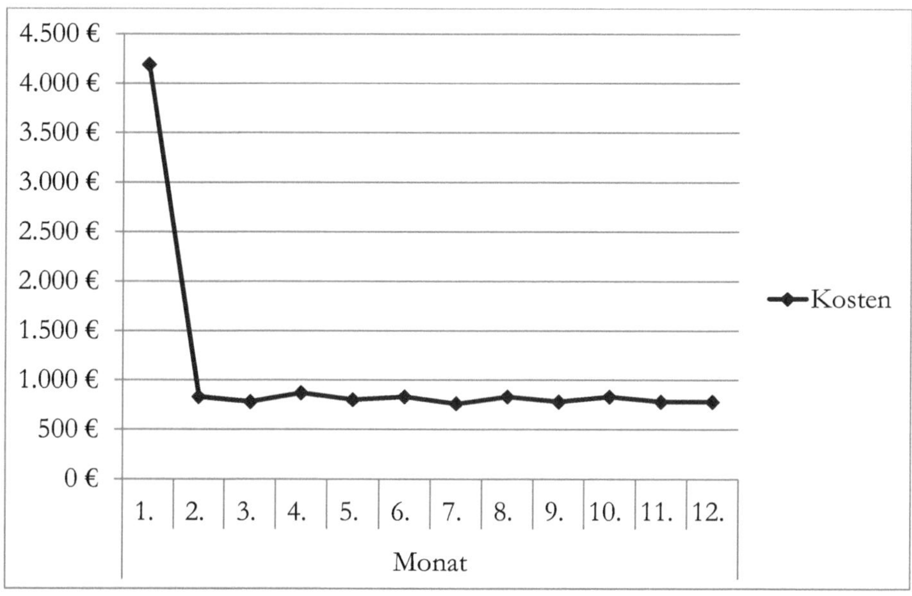

Wie sich die Kosten innerhalb von 36 Monaten nach Aufnahme der Geschäftstätigkeit entwickeln, wird der Abbildung 4 grafisch dargestellt.

In der 3-Jahres-Prognose werden vorerst keine weiteren Investitionen vorgesehen, da sich das Unternehmen erst einmal gesund wirtschaften muss. Deswegen wird angestrebt, die Kosten monatlich unter 1.000,00 Euro zu halten.

Abbildung 4 Entwicklung der Kosten innerhalb von 36 Monaten

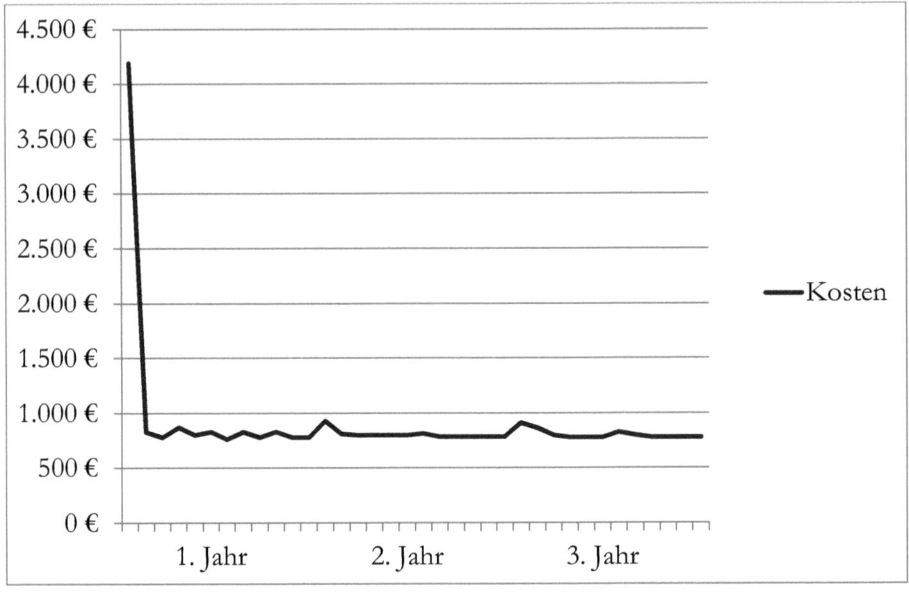

In Tabelle 29 werden die Gesamtkosten für das erste, zweite und dritte Geschäftsjahr, unterteilt in fixe und variable Kosten, dargestellt. Auch im Hinblick auf die Zusammenfassung der Kosten pro Jahr wird ersichtlich, dass für den Zeitraum ab dem zweiten Geschäftsjahr eine Kontinuität der anfallenden Kosten prognostiziert wird und sich einstellen sollte.

Tabelle 29 Kostenprognose für drei Geschäftsjahre

	Angaben in Euro [€]		
Jahr	**Kosten**	**Fixe Kosten**	**Variable Kosten**
1. Geschäftsjahr	13.060,00	8.890,00	4.170,00
2. Geschäftsjahr	9.680,00	8.060,00	1.620,00
3. Geschäftsjahr	9.655,00	7.875,00	1.780,00

6 ERFOLGSPLANUNG

Die Erfolgsplanung ist das Kernelement eines jeden Unternehmensgründungskonzeptes. Sie bildet die Entscheidungsgrundlage, ob das Geschäftsmodell in der dargelegten Form umgesetzt werden sollte oder ob das Engagement im Rahmen einer Risikominimierung unterbleibt.

6.1 DIE UMSATZPLANUNG

Die Umsatzplanung ist der wichtigste Bestandteil der Erfolgsrechnung.

Tabelle 30 Umsatzprognose für drei Geschäftsjahre

	Angaben in Euro [€]	
Jahr	**Umsatz**	**Rohertrag**
1. Geschäftsjahr	5.790,00	5.790,00
2. Geschäftsjahr	17.100,00	17.100,00
3. Geschäftsjahr	21.400,00	21.400,00

Der Rohertrag oder der sogenannte Bruttoertrag ist die Differenz zwischen Umsatz und Waren- bzw. Materialeinsatz eines Unternehmens. Da die Gründerin keinen Wareneinsatz und auch keine Fremdleistungen im Rahmen ihres Geschäftsmodells vorsieht und sie bei der Umsetzung ihrer Geschäftstätigkeit keine hohen Aufwendungen zu verzeichnen hat, entspricht der Umsatz dem Rohertrag.

Im ersten Geschäftsjahr ist mit einem Gesamtumsatz von 5.790,00 Euro zu rechnen. Frau Müller strebt an, den Umsatz im zweiten Geschäftsjahr zu verdreifachen. Der geringe Umsatz im ersten Geschäftsjahr kann dadurch erklärt werden, dass die Gründerin in den ersten Monaten noch keine Einnahmen generieren kann, da sich ihr Unternehmen erst auf dem Markt etablieren muss. Ab dem vierten Monat wird sie mit Einnahmen rechnen, die bis zum sechsten Monat aber noch relativ gering ausfallen.

Tabelle 31 Entwicklung des Umsatzes im ersten halben Jahr

Angaben in Euro [€]					
1. Monat	2. Monat	3. Monat	4. Monat	5. Monat	6. Monat
0,00	**0,00**	**0,00**	**200,00**	**200,00**	**250,00**

Eine detaillierte Umsatzplanung für die ersten 36 Monate, in welcher die Umsatzerlöse dem Wareneinsatz und den Betriebsausgaben gegenübergestellt werden, befindet sich in der Anlage V Rentabilitätsvorschau.

In Abbildung 5 und Abbildung 6 wird die Entwicklung des prognostizierten Umsatzes zum einen für das erste Geschäftsjahr und zum anderen für die ersten drei Geschäftsjahre skizziert. In Abbildung 5 ist der Sprung im vierten Monat, in dem das Unternehmen beginnt Umsatz zu erwirtschaften, deutlich zu erkennen. Im Weiteren geht aus der Grafik der Sprung nach dem sechsten Monat unmissverständlich hervor.

Abbildung 5 Umsatz im ersten Geschäftsjahr

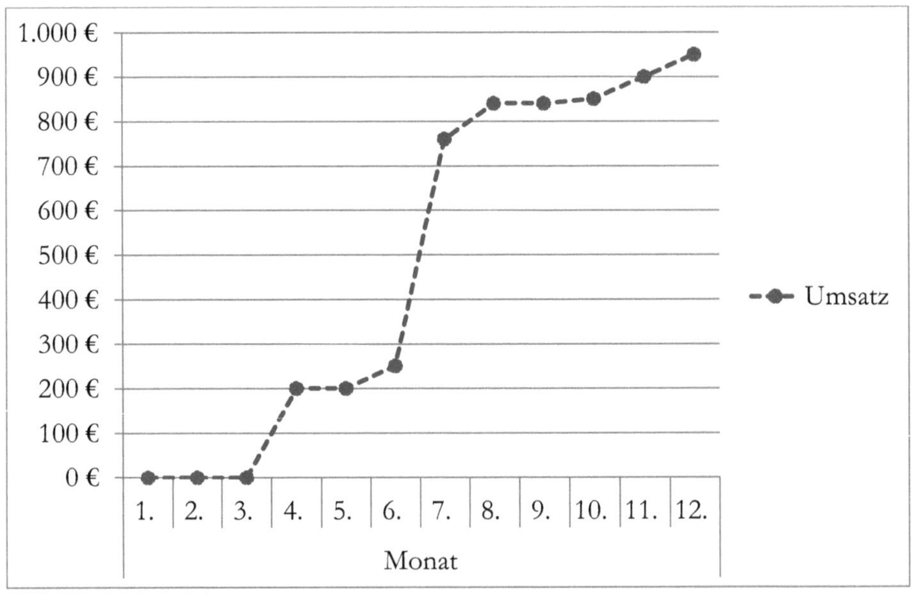

Abbildung 6 Entwicklung des Umsatzes innerhalb von 36 Monaten

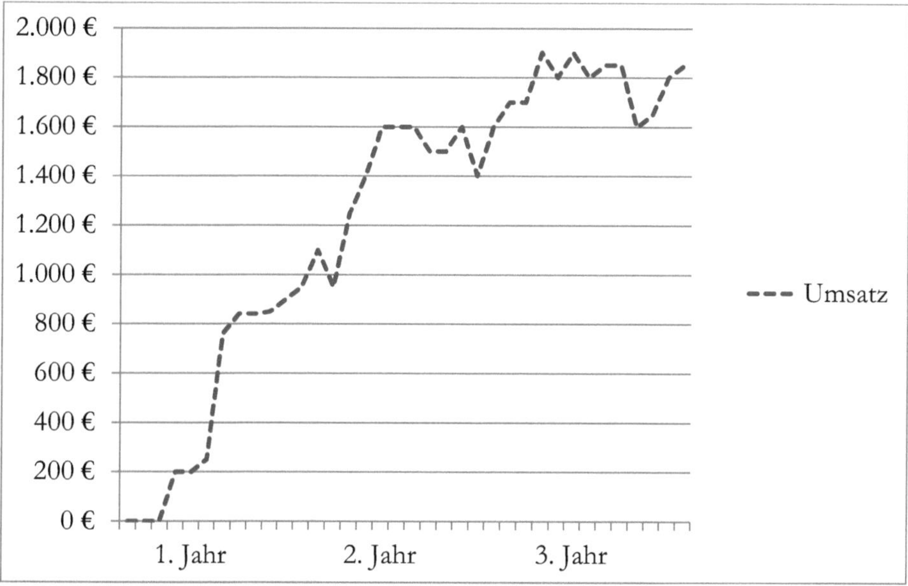

Wie in Abbildung 6 erkennbar ist, geht Frau Müller von einer positiven Entwicklung ihres Unternehmens aus. Für den Zeitpunkt nach 36 Monaten prognostiziert sie einen Umsatz in Höhe von 1.850,00 Euro. Im dritten Geschäftsjahr halten sich ihre Einnahmen stets auf einem Niveau zwischen 1.600,00 Euro und 1.900,00 Euro, was einem jahresdurchschnittlichem Umsatz in Höhe von 1.783,33 Euro entspricht.

In Abbildung 7 werden dem geplanten Umsatz die geplanten Kosten (Kap. 5.4: Der Kostenplan) entgegengesetzt.

Eine Gegenüberstellung des gesamten Umsatzes und den Gesamtkosten für jedes Geschäftsjahr befindet sich in der Anlage VI Rentabilitätsvorschau als Jahresprognose.

Abbildung 7 Kosten-Umsatz-Prognose für 36 Monate

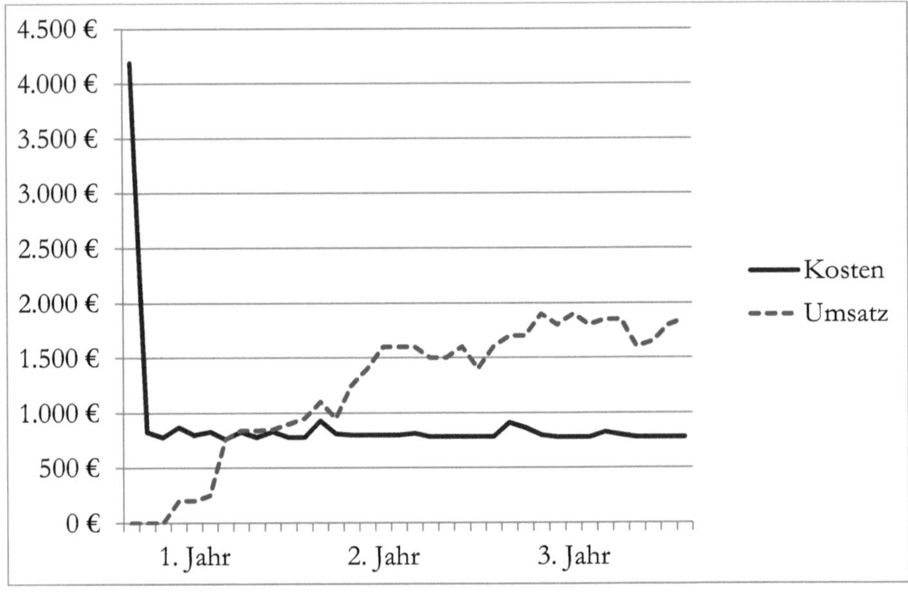

6.2 DIE LIQUIDITÄTSPLANUNG

Die Liquidität soll angeben, wie „flüssig" ein Unternehmen ist. D. h. welche Zahlungseingänge stehen welchen Zahlungsausgängen gegenüber.

Die detaillierte Planung für die ersten 36 Monate befindet sich in der Anlage VII Liquiditätsplan.

Bei der Ermittlung der Liquidität hat die Existenzgründerin stets zu beachten, dass sie mit ihren zur Verfügung stehenden finanziellen Mitteln die monatlich anfallenden privaten Ausgaben (Kap. 5.1: Der Unternehmerlohn) bedienen muss. Wie dargelegt, schätzt sie die Höhe auf ca. 390,00 Euro. D. h., dass diese Summe nach Abzug aller Kosten als Ergebnis der Liquidität im besten Fall monatlich verfügbar sein sollte.

Abbildung 8 Liquidität im ersten Geschäftsjahr

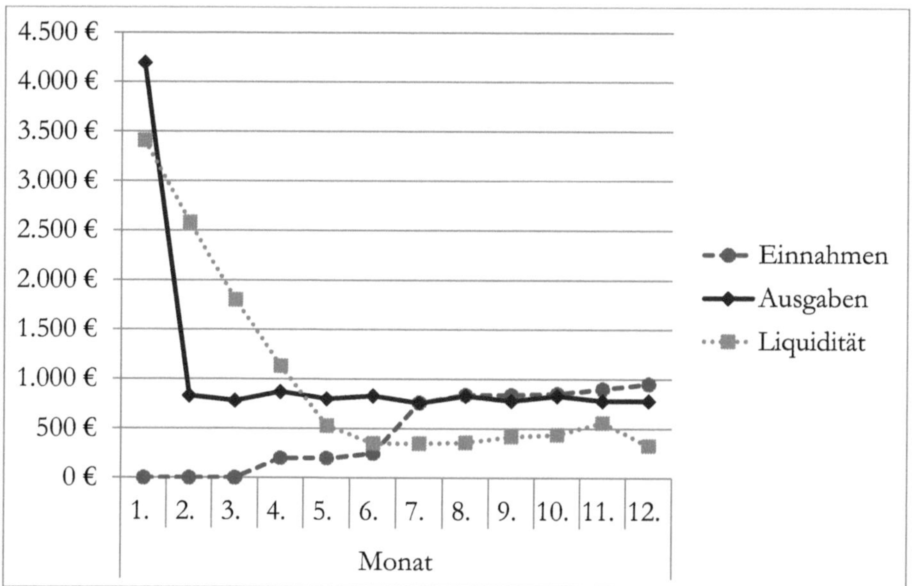

Aus der Grafik geht eindeutig hervor, dass das Unternehmen fortlaufend zahlungsfähig ist. Das liegt daran, dass die Gründerin von Beginn an über ausreichend finanzielle Mittel (zinsloses Darlehen des Kapitalgebers, Eigenmittel und Sicherheitsreserve) verfügt. Die Sicherheitsreserve wird im sechsten Monat von Frau Müller in Anspruch genommen, da sie zu diesem Zeitpunkt nicht mehr in der Lage ist, ihre Ausgaben mittels ihrer verfügbaren Mittel zu begleichen. Im zwölften Monat kann die Sicherheitsreserve wieder eingezahlt werden. Das wird in Abbildung 8 bzw. Abbildung 9 beim Graphen, der die Liquidität zeigt, durch einen kleinen Knick nach unten deutlich.

Die Einnahmen liegen nach dem 7. Monat über den Ausgaben, müssen aber angefallene Ausgaben noch ausgleichen. Im 21. Monat kann das zinslose Darlehen an den privaten Kapitalgeber zurückgezahlt werden. In Abbildung 9 ist der Abfall der Liquidität sehr deutlich zu erkennen. Frau Müller hat sich dafür entschieden, ihr Darlehen mit einem Mal zurückzuzahlen. Alternativ könnte sie es auch über einem bestimmten

Zeitraum hinweg zurückzahlen. Das Ergebnis der Liquidität zeigt, dass sie mit dem 21. Monat in der Lage ist, dem Kapitalgeber das Darlehen vollständig zurückzuzahlen.

Abbildung 9 Entwicklung der Liquidität innerhalb von 36 Monaten

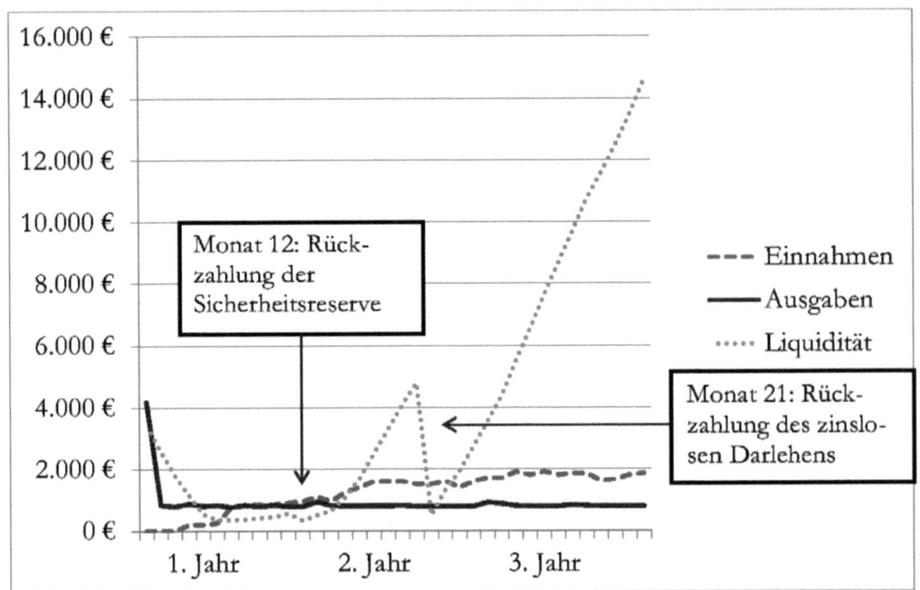

6.3 DIE GEWINNPLANUNG

Die Gewinnplanung stellt die geplanten Umsätze den geplanten Kosten gegenüber. Somit kann der Gewinn des Unternehmens ermittelt werden.

Eine detaillierte Gewinnplanung für die ersten 36 Monate befindet sich in der Anlage V Rentabilitätsvorschau.

In Tabelle 32 werden die Umsatzerlöse des zweiten Halbjahres den Aufwendungen gegenübergestellt.

Tabelle 32 Gewinnermittlung für das zweite Halbjahr

Angaben in Euro [€]						
	7. Monat	8. Monat	9. Monat	10. Monat	11. Monat	12. Monat
Umsatzerlöse	760,00	840,00	840,00	850,00	900,00	950,00
Aufwendungen	760,00	830,00	780,00	830,00	780,00	780,00
Betriebsergebnis	**0,00**	**10,00**	**60,00**	**20,00**	**120,00**	**170,00**

Im 7. Monat ist der Break-even-point erreicht, d. h. in diesem Monat entsprechen die Kosten den Umsatzerlösen (siehe Abbildung 10). Die Gewinnschwelle ist erreicht. In den darauffolgenden Monaten erwirtschaftet das Unternehmen Gewinn.

Abbildung 10 Betriebsergebnis im ersten Geschäftsjahr

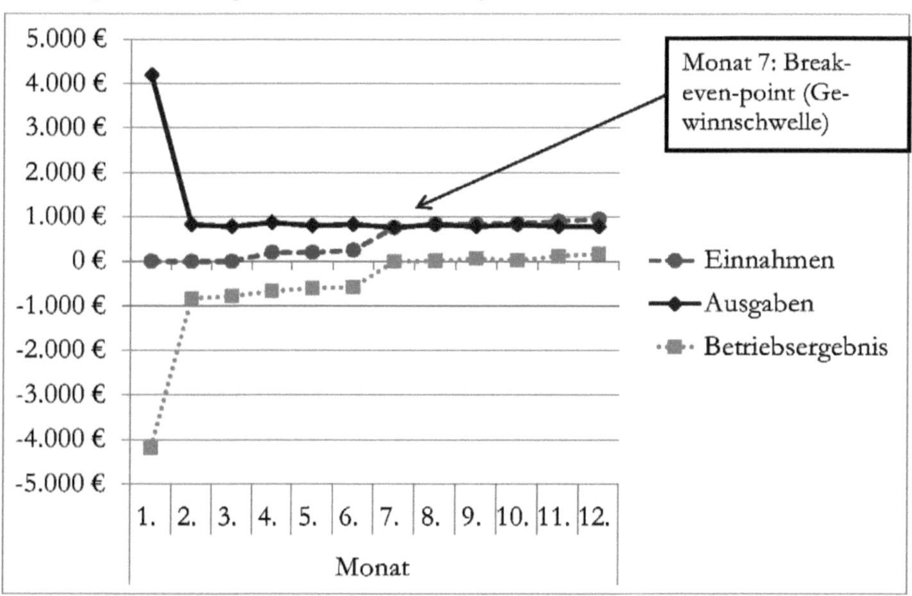

Abbildung 11 Entwicklung des Betriebsergebnis innerhalb von 36 Monaten

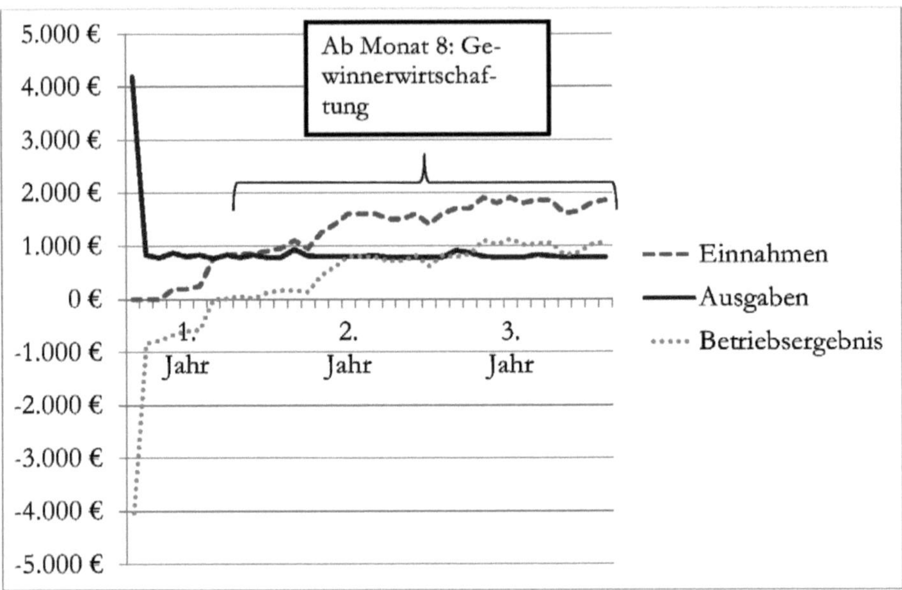

In Tabelle 33 wird das Betriebsergebnis des ersten mit dem des zweiten und des dritten Jahres verglichen. Die Umsatzerlöse steigen und die Aufwendungen sinken im zweiten Geschäftsjahr, so dass sich eine positive Entwicklung einstellt. Die ausführliche Berechnung befindet sich in der Anlage VI Rentabilitätsvorschau als Jahresprognose.

Tabelle 33 Betriebsergebnis für drei Geschäftsjahre

	Angaben in Euro [€]		
	1. Jahr	**2. Jahr**	**3. Jahr**
Erwartete Umsatzerlöse	5.790,00	17.100,00	21.400,00
Summe Aufwendungen	13.060,00	9.680,00	9.655,00
Betriebsergebnis/Gewinn	-7.270,00	7.420,00	11.745,00

Im dritten vollen Geschäftsjahr hat die Gründerin einen Gewinn in Höhe von 11.745,00 Euro zu verzeichnen, was nach Abzug aller betrieblichen Kosten einem durchschnittlichen monatlichen Gewinn von 978,75 Euro entspricht.

In nachfolgender Abbildung wird die Entwicklung vom Betriebsergebnis noch einmal grafisch veranschaulicht. Während sich im ersten Geschäftsjahr ein negatives Betriebsergebnis abzeichnet, hat sich die Entwicklung bis zum dritten Geschäftsjahr nahezu umgekehrt.

Abbildung 12 Betriebsergebnis für drei Geschäftsjahre

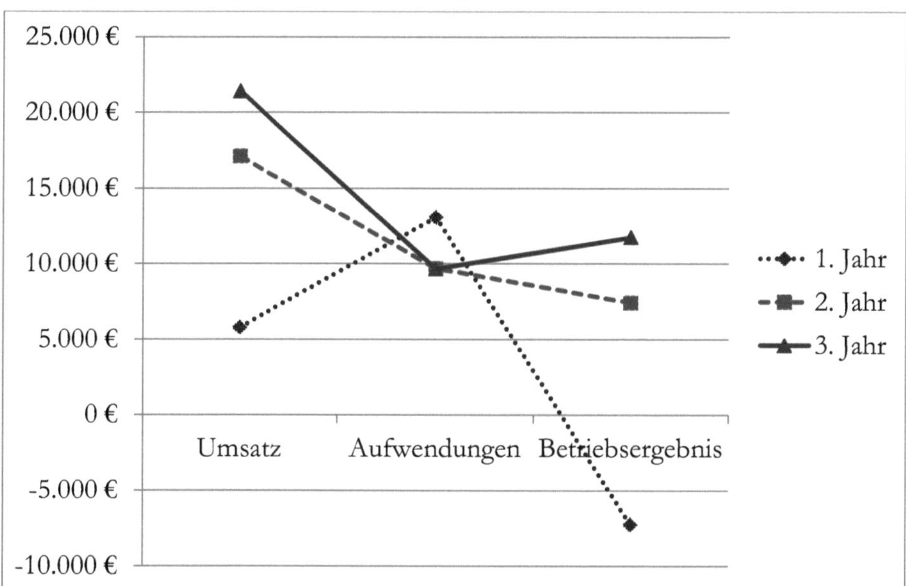

Aus den gemachten Prognosen geht hervor, dass das Geschäftsmodell von Frau Müller langfristig tragfähig ist und somit als aussichtsreich eingestuft werden kann.

7 LITERATURVERZEICHNIS

ANGELI, Susanne; KUNDLER, Wolfgang (2013): Der eigene Online-Shop – Von der Gründung zum Verkaufserfolg in 10 Lektionen. 1. Auflage, München: Addison-Wesley Verlag, Pearson Deutschland GmbH.

ARNOLD, Jürgen (2013): Existenzgründung – Businessplan und Chancen. 3., aktualisierte Auflage, Burgrieden: UVIS Verlag e.K.

BLEIBER, Reinhard (2010): Existenzgründung. 6., aktualisierte Auflage, Freiburg: Haufe-Lexware GmbH & Co. KG.

BLEIBER, Reinhard (2013): Erfolgreiche Existenzgründung. 3., aktualisierte Auflage, Freiburg: Haufe-Lexware GmbH & Co. KG.

BUTTENMÜLLER, Martin; KILIAN, Claudia (2012): Durchstarten als Freiberufler: Selbstbestimmt und erfolgreich arbeiten. 1. Auflage, München: Verlag Franz Vahlen GmbH.

CONTA GROMBERG. Brigitte; CONTA GROMBERG, Ehrenfried (2013): Smart Business Concepts. Finden Sie die Geschäftsidee, die Ihr Leben verändert! 1. Auflage, Jesteburg: Conta Gromberg Communication GmbH & CoKG.

EDER, Barbara (2012): Existenzgründung für Frauen: Die Entscheidungshilfe für einen erfolgreichen Start. 4., aktualisierte Auflage, Hannover: Humboldt Schlütersche Verlagsgesellschaft mbH & Co. KG.

FRERIX, Klaus (2012): Existenzgründung leicht gemacht: Tipps zur erfolgreichen Unternehmensgründung – Schnell und risikolos in die Selbständigkeit. 1. Auflage, Hamburg: CreaterSpace Independent Publishing Platform, Beaufort Media GmbH.

GLATZ-DEURATZBACHER, Ines; JEZEK, Paul Christian; WASSHUBER, Sylvia (2012): So kommt mein Unternehmen in die Medien: Professionelle PR für Firmengründer, KMU und Freiberufler. 1. Auflage, München: Redline Verlag, Münchner Verlagsgruppe GmbH.

GUILLEBEAU, Chris (2013): Start-up!: Wie Sie mit weniger als 100 Euro ein Unternehmen auf die Beine stellen und Ihr eigener Chef werden. 1. Auflage, Kulmbach: Books4Success Verlag.

HACKE, Constanze (2012): Selbständig und dann? Wie Freiberufler langfristig erfolgreich werden. 1. Auflage, Weinheim: Wiley-VCH Verlag & Co. KGaA.

HEINEMANN, Gerrit (2013): No-Line-Handel: Höchste Evolutionsstufe im Multi-Channeling. 1. Auflage, Wiesbaden: Springer Gabler, Springer-Verlag GmbH.

HOFERT, Svenja (2012): Praxisbuch Existenzgründung. Erfolgreich selbständig werden und bleiben. 6., völlig überarbeitete Neuauflage, Offenbach: GABAL Verlag GmbH.

HOFERT, Svenja (2012): Praxisbuch für Freiberufler. Alles, was Sie wissen müssen, um erfolgreich zu sein. 4., völlig überarbeitete Neuauflage, Offenbach: GABAL Verlag GmbH.

JOHNSON, Luke (2013): Start It Up: Why Running Your Own Business is Easier Than You Think. Reprint, London: Portfolio Penguin Group, Penguin Books Ltd.

KENZELMANN, Peter (2012): Network Marketing; So geht´s richtig! 2. Auflage, Berlin: Heragon Verlag GmbH.

MASSOW, Martin (2012): Freiberufler-Atlas: Schnell und erfolgreich selbständig werden. 1. Auflage, Berlin: Ullstein Taschenbuch GmbH.

OPOCZYNSKI, Michael; LEUTKE, Martin; HORN; Stefan (2012): WISO: Existenzgründung. 3., aktualisierte Auflage, Frankfurt/Main: Campus Verlag GmbH.

PLINKE, Manfred (2012): Mini-Verlag: Selbst ist der Verlag! E-Book, Book on Demand, Verlagsgründung, Buchherstellung, Buchmarketing, Buchhandel, Direktvertrieb. 8., überarbeitete und ergänzte Auflage, Berlin: Autorenhaus Verlag GmbH.

RIES, Eric (2012): Lean Startup: Schnell, risikolos und erfolgreich Unternehmen gründen. 1. Auflage, München: Redline Verlag, Münchner Verlagsgruppe GmbH.

TANSKI, Joachim S.; SCHREIER, Andreas; THOMA, Steffen; SINGLER, Axel (2012): Selbstständigkeit wagen. 1. Auflage, Freiburg: Haufe-Lexware GmbH & Co. KG.

THOMSEN, Iris (2013): Einnahme-Überschussrechnung 2012/2013 mit Arbeitshilfen online: für Freiberufler und Selbstständige. 9. Auflage, Freiburg: Haufe-Lexware GmbH & Co. KG.

VOGELSANG, Eva; FINK, Christian; BAUMANN, Matthias (2013): Existenzgründung und Businessplan: Ein Leitfaden für erfolgreiche Start-ups. Neu bearbeitete Auflage, Berlin: Erich Schmidt Verlag GmbH & Co. KG.

WOLFF, Constanze; PANTER, Roland (2013): Social Media für Gründer und Selbstständige: Xing, Facebook, Twitter und Co. – Wie Sie das richtige Netzwerk finden und nutzen. 1. Auflage, Wien: Linde Verlag Ges.m.b.H.

Internet:

Bundesverband der Freien Berufe (BFB), Dachverband, Berlin, http://www.freie-berufe.de/

Bundesministerium für Wirtschaft und Technologie, Berlin, http://www.existenzgruender.de/DE/Home/inhalt.html

Dewion, die unabhängigen Finanzleute, Waltrop, http://www.dewion.de/

Gründerlexikon, http://www.gruenderlexikon.de/

IFB – Institut für Freie Berufe Nürnberg (2006): Freier Beruf oder Gewerbe, Kurzfassung, Gründungsinformation Nr. 1, http://www.ifb.uni-erlangen.de/fileadmin/ifb/doc/publikationen/gruendungsinfos/01_freierberuf.pdf

Landesverband der Freien Berufe e.V. (LFB), Dresden, http://www.lfb-sachsen.de/

Venture Capital Magazin (2013): Start-up 2014: Bereit, die Wirtschaft zu entern. Das Magazin für Investoren und Entrepreneure. Sonderausgabe, 9. Jahrgang, München: GoingPublic Media AG, http://vc-magazin.de/epaper-VentureCapital_Startup_2014/

ANLAGE ZUM GRÜNDUNGSKONZEPT

ANLAGE I UNTERNEHMERLOHN

Das Ergebnis zeigt die Höhe des erforderlichen Unternehmerlohns. Das Geld ist mit der beruflichen Selbstständigkeit monatlich zu verdienen, um alle kalkulierten Kosten der Grundsicherung zu decken.

Es handelt sich dabei um private Ausgaben (inkl. Miete) und Ausgaben für Versicherungsleistungen. Diese sind bis zum ersten Geldeingang aus dem erwirtschafteten Umsatz für einen bestimmten Zeitraum, i. d. R. bis sechs Monate nicht durch die Unternehmerin finanzierbar. (D. h. innerhalb der ersten sechs Monate können diese Kosten nicht durch Umsatz gedeckt werden.)

Die Kalkulation der Versicherungsbeiträge orientiert sich an den Beiträgen, die mit Hilfe des Internets bei verschiedenen Anbietern recherchiert werden konnten. Dabei wird aber nicht am Durchschnittswert angesetzt, sondern ein etwas über dem Durchschnitt liegender Wert verwendet. Damit wird das Risiko des Verkalkulierens abgewendet.

Zur Deckung der privaten fixen Kosten, d. h. der Kosten für Miete und Strom, sind durch die Gründerin 140,00 Euro monatlich aufzubringen. Werden die privaten variablen Kosten hinzugezogen, wie etwa Kosten für Lebensmittel oder Bekleidung, fallen monatlich insgesamt zusätzlich zu den betrieblichen Ausgaben 390,00 Euro an. Bei diesem Wert handelt es sich um einen Durchschnittswert, da die Kosten für Lebensmittel, Hausrat, Bekleidung und für Sonstiges durchaus vom kalkulierten Wert abweichen können.

In der Berechnung werden Telefonkosten in Höhe von 60,00 Euro für den ersten Monat angenommen, da in der Anfangsphase möglicherweise überdurchschnittlich viel telefoniert werden muss. Es wird angestrebt, einen günstigen Telefonanbieter zu erörtern und die Kosten ab dem zweiten Monat konstant zu halten.

Die Gründerin ist angehalten, monatlich 1.040,00 Euro ins Verdienen zu bringen, um ihre existenzsichernden Kosten decken zu können.

		Angaben in Euro [€]
	Haushalt	
	Miete oder vergleichbare Kosten	250,00
	Lebensmittel/Hausrat	150,00
	Kleidung usw.	50,00
	Strom/Heizung/Wasser	30,00
	Müllabfuhr	0,00
	Telekommunikation/Internet	60,00
	Sonderausgaben (z. B. Reparaturen)	50,00
=	**Summe Haushalt**	**590,00**
	Versicherungen	
	Lebensversicherung/Rentenversicherung	85,00
	Krankenversicherung	250,00
	Arbeitslosenversicherung	35,00
	Pflegeversicherung	45,00
	Unfallversicherung	15,00
	Haftpflicht, Hausrat	20,00
	Betriebshaftpflicht	0,00
	KFZ-Haftpflicht	0,00
	Rechtsschutzversicherung	0,00
=	**Summe Versicherungen**	**450,00**
=	**Gesamt (mindestens benötigte Einnahmen)**	**1.040,00**
	Sonstige Einnahmen (z. B. Mieteinnahmen)	0,00
=	**Monatliche Ausgaben (erforderlicher Unternehmerlohn)**	**1.040,00**

ANLAGE II INVESTITIONSBEDARF

Das Ergebnis zeigt die Höhe der einmaligen Investitionen, die für die Aufnahme der Geschäftstätigkeit im ersten Monat erforderlich sind.

Alle Angaben stammen aus zuverlässigen Quellen (Internet, persönliche Gespräche).

Die Gründungskosten sind noch relativ gering im Vergleich zu den Investitionen in Betriebs- und Geschäftsausstattung. Besonders wichtig ist der Existenzgründerin die Anschaffung von Hardware, die sie zur Bewältigung ihrer täglichen Arbeit benötigt. Unabdingbar für sie sind ein Notebook und ein Drucker bzw. Scanner. Ebenso ist für ihre Geschäftsausstattung ein Faxgerät vorgesehen. Des Weiteren hat Frau Müller Investitionen in externe Festplatten zur Sicherung ihrer Daten sowie Investitionen in geeignete Software geplant. Auch für Büromaterial wird eine Summe in Höhe von 150,00 Euro vorgesehen, damit sich die Gründerin zu Beginn ihrer Geschäftstätigkeit mit dem notwendigen Grundbedarf an Druckerpatronen und -papier, Schreibmaterialien, Briefumschlägen und –marken usw. ausstatten kann.

Für Werbungsaktivitäten plant Frau Müller 800,00 Euro ein, wobei hierbei ein Großteil des Geldes in die Entwicklung einer eigenen Homepage und in die Erstellung und den Druck von Geschäftsunterlagen wie Präsentationsmappen oder Briefpapier fließt. Unter Ausgaben für „Sonstiges" können z. B. Kosten für einen mobilen Internetzugang gezählt werden. Aber auch Kosten für z. B. einen Firmenstempel, einen Automagneten oder bedruckte Kugelschreiber können darunter fallen.

Die Gründungskosten belaufen sich auf prognostizierte 200,00 Euro. Diese möchte die Gründerin einerseits für Gründungsberatungen, Coaching-Maßnahmen und für Gründerseminare, andererseits für erforderliche Anmeldungen bzw. Genehmigungen ausgeben. Des Weiteren plant sie eine Reserve in Höhe von 50,00 Euro für eventuell anfallende Reisekosten im Rahmen von Seminarbesuchen o. Ä. ein.

		Menge in Stück	Angaben in Euro [€]
	Gründungskosten/Administrative Kosten		
	Beratungen, Coaching, Seminare (Besuch ist Bedingung bestimmter Förderprogramme wie die von SAB oder EXIST)		100,00
	Anmeldungen, Genehmigungen (z. B. Gewerbeanmeldung)		50,00
	Sonstiges (z. B. Reisekosten für Seminarbesuche, Bescheinigungen)		50,00
=	**Gesamt**		**200,00**
	Werbung/Kosten für Akquisition und Marketing		
	Homepage	1	400,00
	Corporate Design (Geschäftsunterlagen: u. a. Präsentationsmappen)		200,00
	Visitenkarten	2500	50,00
	Flyer	2500	50,00
	Telefon		30,00
	Internet		30,00
	Sonstiges (z. B. mobiler Internetzugang)		40,00
=	**Gesamt**		**800,00**
	Betriebs-, Geschäftsausstattung/Bürokosten		
	Netbook (inkl. Maus, Tasche)	1	400,00
	Notebook (inkl. Maus, Tasche)	1	700,00
	Drucker, Scanner	1	100,00
	Faxgerät	1	100,00
	Schreibtisch	1	110,00
	Bürostuhl	1	90,00
	Beamer, Projektor	1	120,00
	Externe Festplatte	2	150,00
	Telefonanlage	1	80,00
	Diktiergerät	1	50,00
	Software (z. B. Citavi, Microsoft Office, McAfee)	3	450,00
	Büromaterial (z. B. Druckerpatrone, Kopierpapier, Briefumschläge)		150,00
	Sonstiges		100,00
=	**Gesamt**		**2.600,00**
=	**Einmaliger Investitionsbedarf**		**3.600,00**

ANLAGE III KAPITALBEDARF

Das Ergebnis zeigt die Höhe aller im ersten und im zweiten Monat der Geschäftstätigkeit anfallenden betrieblichen Kosten. Im ersten Monat sind diese bedingt durch die einmaligen Investitionskosten relativ hoch. Es handelt sich hierbei um die Summe von einmaligen Kosten für die Gründung, die erforderlichen Werbemaßnahmen und die Kosten für die Geschäftsausstattung.

Ab dem zweiten Monat entfallen Gründungskosten, die hohen Kosten für zu Beginn initiierte Werbemaßnahmen sowie die Kosten der einmaligen Investitionen. Es fallen nur noch laufende Kosten für Werbung, Telekommunikation, Internet und Büromaterial an.

In der Berechnung finden die Haushaltskosten (private Ausgaben) keine Beachtung, da es sich ausschließlich um die Ermittlung der Geschäftskosten handelt.

Der Kapitalbedarf ist demnach die Schnittmenge aus den existenzsichernden betrieblichen Ausgaben (Anlage I Unternehmerlohn) und dem Investitionsbedarf.

Frau Müller muss im ersten Monat Kosten in Höhe von 4.190,00 Euro begleichen können. Aus diesem Grund ist sie in der Pflicht, das zinslose Darlehen des Kapitalgebers in Anspruch zu nehmen. Im zweiten Monat beträgt der Kapitalbedarf nur noch 19,81 % von 4.190,00 Euro und damit 830,00 Euro.

		Angaben in Euro [€]	Summe in Euro [€]	Angaben in Euro [€]	Summe in Euro [€]
		1. Monat		**2. Monat**	
	Gründungskosten		**100,00**		**entfallen**
	Anmeldungen, Genehmigungen	50,00		entfallen	
	Eintrag in Handelsregister	0,00		entfallen	
	Notar	0,00		entfallen	
	Sonstiges (z. B. Bescheinigungen)	50,00		entfallen	
=	**Gesamt**	**100,00**		**entfallen**	
	Kosten für die Anlaufphase		**1.640,00**		**830,00**
	Personalkosten	0,00		0,00	
	Beratung	100,00		0,00	
	Leasing	0,00		0,00	
	Sonstige Miete/Pacht	125,00		140,00	
	Strom/Heizung/Wasser	15,00		15,00	
	Werbung	700,00		80,00	
	Telefon	30,00		20,00	
	Internet	30,00		20,00	
	Vertrieb	0,00		0,00	
	Betriebliche Steuern	0,00		0,00	
	Versicherungen	450,00		450,00	
	Büromaterial	150,00		20,00	
	Sonstiges (z. B. Internetzugang, Reserve für Startphase, Folgeinvestitionen, Unvorhergesehenes)	40,00		100,00	
=	**Gesamt**	**1.640,00**		**830,00**	
	Anlagevermögen		**2.450,00**		**0,00**
	Patent-, Lizenz-, Franchisegebühren u. Ä.	0,00		0,00	
	Grundstücke/Immobilien, Nebenkosten	0,00		0,00	
	Anlagen, Maschinen, Werkzeuge	0,00		0,00	
	Betriebs-, Geschäftsausstattung	2.350,00		0,00	
	Sonstige Geschäftsausstattung	100,00		0,00	
	Fahrzeuge	0,00		0,00	
=	**Gesamt**	**2.450,00**		**0,00**	

FORTSETZUNG					
=	**Gesamt**	**2.450,00**		**0,00**	
	Umlaufvermögen		**0,00**		**0,00**
	Material- und Warenlager	0,00		0,00	
=	**Gesamt**	**0,00**		**0,00**	
	Kapitaldienst		**0,00**		**0,00**
	Zinsen für Existenzgründungsdarlehen, Bankkredite	0,00		0,00	
	Tilgung	0,00		0,00	
=	**Gesamt**	**0,00**		**0,00**	
=	**Kapitalbedarf**		**4.190,00**		**830,00**

ANLAGE IV KOSTENPLAN

Das Ergebnis zeigt die Höhe der monatlich anfallenden fixen und variablen Kosten. Von besonderer Bedeutung ist dabei die Entwicklung der geplanten Kosten, wonach festzustellen ist, ob die Kosten mittelfristig steigen oder fallen. Als Unternehmer wird man stets daran arbeiten, seine Kosten so gering wie möglich zu halten.

In die Kostenprognose für den ersten Monat aber auch mit einbezogen wurden alle prognostizierten Ausgaben unter „Sonstiges". Unter „Sonstiges" sind demzufolge sonstige Kosten zu verstehen, die in der Prognose für den ersten Monat 190,00 Euro (*hier:* Unter Gründungskosten z. B. Reisekosten für Seminarbesuche, Bescheinigungen; unter Werbung z. B. Kosten Internetzugang, Reserve für Startphase, Folgeinvestitionen, Unvorhergesehenes; unter Betriebs- und Geschäftsausstattung z. B. Kosten für sonstige Geschäftsausstattung) und für die Folgemonate jeweils 100,00 Euro (siehe Anlage II Investitionsbedarf) ausmachen.

Des Weiteren wurden in den Kostenplan Reisekosten mit aufgenommen, die Frau Müller aber erst für den Zeitraum ab dem vierten Monat vorsieht.

Erweisen sich bspw. die Versicherungsbeiträge als wesentlich niedriger wie kalkuliert wurde, so sinken dementsprechend auch die Kosten und der Gewinn steigt.

Auf den folgenden sechs Seiten werden nacheinander die Monate für drei Jahre im Detail vorgestellt. Es ist für die Existenzgründerin unabdingbar, eine langfristige Prognose abzugeben. Somit ist sie in der Lage, alle Kosten eindeutig zu entschlüsseln und die Tragfähigkeit ihres Geschäftsmodells genau zu prüfen.

		Angaben in Euro [€]	Angaben in Euro [€]	Angaben in Euro [€]	Angaben in Euro [€]	Angaben in Euro [€]	Angaben in Euro [€]
		1. Monat	**2. Monat**	**3. Monat**	**4. Monat**	**5. Monat**	**6. Monat**
	Fixe Kosten						
	Miete/Pacht	125,00	125,00	125,00	125,00	125,00	125,00
	Personal (angestellt)	0,00	0,00	0,00	0,00	0,00	0,00
	Leasingraten	0,00	0,00	0,00	0,00	0,00	0,00
	Wartungsverträge	0,00	0,00	0,00	0,00	0,00	0,00
	Versicherungen	450,00	450,00	450,00	450,00	450,00	450,00
	Werbung, PR	700,00	80,00	30,00	30,00	30,00	20,00
	Telefon, Internet	60,00	40,00	40,00	40,00	40,00	40,00
	Büromaterial	150,00	20,00	20,00	60,00	40,00	30,00
	Abschreibungen	0,00	0,00	0,00	0,00	0,00	0,00
=	**Summe**	**1.485,00**	**715,00**	**665,00**	**705,00**	**685,00**	**665,00**
	Variable Kosten						
	Strom/Wasser/ Heizung	15,00	15,00	15,00	15,00	15,00	15,00
	Wareneinsatz	0,00	0,00	0,00	0,00	0,00	0,00
	Fremdleistungen	0,00	0,00	0,00	0,00	0,00	0,00
	Fracht, Versand	0,00	0,00	0,00	0,00	0,00	0,00
	Provisionen	0,00	0,00	0,00	0,00	0,00	0,00
	Garantieleistungen	0,00	0,00	0,00	0,00	0,00	0,00
	Aushilfen	0,00	0,00	0,00	0,00	0,00	0,00
	Geschäftsausstattung	2.350,00	0,00	0,00	0,00	0,00	0,00
	Beratung	150,00	0,00	0,00	0,00	0,00	0,00
	Reisekosten	0,00	0,00	0,00	50,00	0,00	50,00
	Sonstiges	190,00	100,00	100,00	100,00	100,00	100,00
=	**Summe**	**2.705,00**	**115,00**	**115,00**	**165,00**	**115,00**	**165,00**
=	**Endsumme**	**4.190,00**	**830,00**	**780,00**	**870,00**	**800,00**	**830,00**

		Angaben in Euro [€]	Angaben in Euro [€]	Angaben in Euro [€]	Angaben in Euro [€]	Angaben in Euro [€]	Angaben in Euro [€]
		7. Monat	**8. Monat**	**9. Monat**	**10. Monat**	**11. Monat**	**12. Monat**
	Fixe Kosten						
	Miete/Pacht	125,00	125,00	125,00	125,00	125,00	125,00
	Personal (angestellt)	0,00	0,00	0,00	0,00	0,00	0,00
	Leasingraten	0,00	0,00	0,00	0,00	0,00	0,00
	Wartungsverträge	0,00	0,00	0,00	0,00	0,00	0,00
	Versicherungen	450,00	450,00	450,00	450,00	450,00	450,00
	Werbung, PR	10,00	30,00	20,00	20,00	20,00	20,00
	Telefon, Internet	40,00	40,00	40,00	40,00	40,00	40,00
	Büromaterial	20,00	20,00	30,00	30,00	30,00	30,00
	Abschreibungen	0,00	0,00	0,00	0,00	0,00	0,00
=	**Summe**	**645,00**	**665,00**	**665,00**	**665,00**	**665,00**	**665,00**
	Variable Kosten						
	Strom/Wasser/ Heizung	15,00	15,00	15,00	15,00	15,00	15,00
	Wareneinsatz	0,00	0,00	0,00	0,00	0,00	0,00
	Fremdleistungen	0,00	0,00	0,00	0,00	0,00	0,00
	Fracht, Versand	0,00	0,00	0,00	0,00	0,00	0,00
	Provisionen	0,00	0,00	0,00	0,00	0,00	0,00
	Garantieleistungen	0,00	0,00	0,00	0,00	0,00	0,00
	Aushilfen	0,00	0,00	0,00	0,00	0,00	0,00
	Geschäftsausstattung	0,00	0,00	0,00	0,00	0,00	0,00
	Beratung	0,00	0,00	0,00	0,00	0,00	0,00
	Reisekosten	0,00	50,00	0,00	50,00	0,00	0,00
	Sonstiges	100,00	100,00	100,00	100,00	100,00	100,00
=	**Summe**	**115,00**	**165,00**	**115,00**	**165,00**	**115,00**	**115,00**
=	**Endsumme**	**760,00**	**830,00**	**780,00**	**830,00**	**780,00**	**780,00**

		Angaben in Euro [€]	**Angaben in Euro [€]**	**Angaben in Euro [€]**	**Angaben in Euro [€]**	**Angaben in Euro [€]**	**Angaben in Euro [€]**
		13. Monat	**14. Monat**	**15. Monat**	**16. Monat**	**17. Monat**	**18. Monat**
	Fixe Kosten						
	Miete/Pacht	125,00	125,00	125,00	125,00	125,00	125,00
	Personal (angestellt)	0,00	0,00	0,00	0,00	0,00	0,00
	Leasingraten	0,00	0,00	0,00	0,00	0,00	0,00
	Wartungsverträge	0,00	0,00	0,00	0,00	0,00	0,00
	Versicherungen	450,00	450,00	450,00	450,00	450,00	450,00
	Werbung, PR	80,00	20,00	20,00	20,00	20,00	20,00
	Telefon, Internet	40,00	40,00	40,00	40,00	40,00	40,00
	Büromaterial	100,00	40,00	30,00	30,00	30,00	30,00
	Abschreibungen	0,00	0,00	0,00	0,00	0,00	0,00
=	**Summe**	**795,00**	**675,00**	**665,00**	**665,00**	**665,00**	**665,00**
	Variable Kosten						
	Strom/Wasser/ Heizung	15,00	15,00	15,00	15,00	15,00	15,00
	Wareneinsatz	0,00	0,00	0,00	0,00	0,00	0,00
	Fremdleistungen	0,00	0,00	0,00	0,00	0,00	0,00
	Fracht, Versand	0,00	0,00	0,00	0,00	0,00	0,00
	Provisionen	0,00	0,00	0,00	0,00	0,00	0,00
	Garantieleistungen	0,00	0,00	0,00	0,00	0,00	0,00
	Aushilfen	0,00	0,00	0,00	0,00	0,00	0,00
	Geschäftsausstattung	0,00	0,00	0,00	0,00	0,00	0,00
	Beratung	0,00	0,00	0,00	0,00	0,00	0,00
	Reisekosten	20,00	20,00	20,00	20,00	20,00	20,00
	Sonstiges	100,00	100,00	100,00	100,00	100,00	100,00
=	**Summe**	**135,00**	**135,00**	**135,00**	**135,00**	**135,00**	**135,00**
=	**Endsumme**	**930,00**	**810,00**	**800,00**	**800,00**	**800,00**	**800,00**

		Angaben in Euro [€]	Angaben in Euro [€]	Angaben in Euro [€]	Angaben in Euro [€]	Angaben in Euro [€]	Angaben in Euro [€]
		19. Monat	**20. Monat**	**21. Monat**	**22. Monat**	**23. Monat**	**24. Monat**
	Fixe Kosten						
	Miete/Pacht	125,00	125,00	125,00	125,00	125,00	125,00
	Personal (angestellt)	0,00	0,00	0,00	0,00	0,00	0,00
	Leasingraten	0,00	0,00	0,00	0,00	0,00	0,00
	Wartungsverträge	0,00	0,00	0,00	0,00	0,00	0,00
	Versicherungen	450,00	450,00	450,00	450,00	450,00	450,00
	Werbung, PR	15,00	15,00	15,00	15,00	15,00	15,00
	Telefon, Internet	40,00	40,00	40,00	40,00	40,00	40,00
	Büromaterial	50,00	20,00	20,00	20,00	20,00	20,00
	Abschreibungen	0,00	0,00	0,00	0,00	0,00	0,00
=	**Summe**	**680,00**	**650,00**	**650,00**	**650,00**	**650,00**	**650,00**
	Variable Kosten						
	Strom/Wasser/ Heizung	15,00	15,00	15,00	15,00	15,00	15,00
	Wareneinsatz	0,00	0,00	0,00	0,00	0,00	0,00
	Fremdleistungen	0,00	0,00	0,00	0,00	0,00	0,00
	Fracht, Versand	0,00	0,00	0,00	0,00	0,00	0,00
	Provisionen	0,00	0,00	0,00	0,00	0,00	0,00
	Garantieleistungen	0,00	0,00	0,00	0,00	0,00	0,00
	Aushilfen	0,00	0,00	0,00	0,00	0,00	0,00
	Geschäftsausstattung	0,00	0,00	0,00	0,00	0,00	0,00
	Beratung	0,00	0,00	0,00	0,00	0,00	0,00
	Reisekosten	20,00	20,00	20,00	20,00	20,00	20,00
	Sonstiges	100,00	100,00	100,00	100,00	100,00	100,00
=	**Summe**	**135,00**	**135,00**	**135,00**	**135,00**	**135,00**	**135,00**
=	**Endsumme**	**815,00**	**785,00**	**785,00**	**785,00**	**785,00**	**785,00**

		Angaben in Euro [€]	Angaben in Euro [€]	Angaben in Euro [€]	Angaben in Euro [€]	Angaben in Euro [€]	Angaben in Euro [€]
		25. Monat	**26. Monat**	**27. Monat**	**28. Monat**	**29. Monat**	**30. Monat**
	Fixe Kosten						
	Miete/Pacht	125,00	125,00	125,00	125,00	125,00	125,00
	Personal (angestellt)	0,00	0,00	0,00	0,00	0,00	0,00
	Leasingraten	0,00	0,00	0,00	0,00	0,00	0,00
	Wartungsverträge	0,00	0,00	0,00	0,00	0,00	0,00
	Versicherungen	450,00	450,00	450,00	450,00	450,00	450,00
	Werbung, PR	50,00	25,00	15,00	15,00	15,00	15,00
	Telefon, Internet	40,00	40,00	40,00	40,00	40,00	40,00
	Büromaterial	30,00	10,00	30,00	15,00	15,00	15,00
	Abschreibungen	0,00	0,00	0,00	0,00	0,00	0,00
=	**Summe**	**695,00**	**650,00**	**660,00**	**645,00**	**645,00**	**645,00**
	Variable Kosten						
	Strom/Wasser/ Heizung	15,00	15,00	15,00	15,00	15,00	15,00
	Wareneinsatz	0,00	0,00	0,00	0,00	0,00	0,00
	Fremdleistungen	0,00	0,00	0,00	0,00	0,00	0,00
	Fracht, Versand	0,00	0,00	0,00	0,00	0,00	0,00
	Provisionen	0,00	0,00	0,00	0,00	0,00	0,00
	Garantieleistungen	0,00	0,00	0,00	0,00	0,00	0,00
	Aushilfen	0,00	0,00	0,00	0,00	0,00	0,00
	Geschäftsausstattung	0,00	0,00	0,00	0,00	0,00	0,00
	Beratung	0,00	0,00	0,00	0,00	0,00	0,00
	Reisekosten	100,00	100,00	20,00	20,00	20,00	20,00
	Sonstiges	100,00	100,00	100,00	100,00	100,00	100,00
=	**Summe**	**215,00**	**215,00**	**135,00**	**135,00**	**135,00**	**135,00**
=	**Endsumme**	**910,00**	**865,00**	**795,00**	**780,00**	**780,00**	**780,00**

		Angaben in Euro [€]	Angaben in Euro [€]	Angaben in Euro [€]	Angaben in Euro [€]	Angaben in Euro [€]	Angaben in Euro [€]
		31. Monat	**32. Monat**	**33. Monat**	**34. Monat**	**35. Monat**	**36. Monat**
	Fixe Kosten						
	Miete/Pacht	125,00	125,00	125,00	125,00	125,00	125,00
	Personal (angestellt)	0,00	0,00	0,00	0,00	0,00	0,00
	Leasingraten	0,00	0,00	0,00	0,00	0,00	0,00
	Wartungsverträge	0,00	0,00	0,00	0,00	0,00	0,00
	Versicherungen	450,00	450,00	450,00	450,00	450,00	450,00
	Werbung, PR	60,00	35,00	15,00	15,00	15,00	15,00
	Telefon, Internet	40,00	40,00	40,00	40,00	40,00	40,00
	Büromaterial	15,00	15,00	15,00	15,00	15,00	15,00
	Abschreibungen	0,00	0,00	0,00	0,00	0,00	0,00
=	**Summe**	**690,00**	**665,00**	**645,00**	**645,00**	**645,00**	**645,00**
	Variable Kosten						
	Strom/Wasser/ Heizung	15,00	15,00	15,00	15,00	15,00	15,00
	Wareneinsatz	0,00	0,00	0,00	0,00	0,00	0,00
	Fremdleistungen	0,00	0,00	0,00	0,00	0,00	0,00
	Fracht, Versand	0,00	0,00	0,00	0,00	0,00	0,00
	Provisionen	0,00	0,00	0,00	0,00	0,00	0,00
	Garantieleistungen	0,00	0,00	0,00	0,00	0,00	0,00
	Aushilfen	0,00	0,00	0,00	0,00	0,00	0,00
	Geschäftsausstattung	0,00	0,00	0,00	0,00	0,00	0,00
	Beratung	0,00	0,00	0,00	0,00	0,00	0,00
	Reisekosten	20,00	20,00	20,00	20,00	20,00	20,00
	Sonstiges	100,00	100,00	100,00	100,00	100,00	100,00
=	**Summe**	**135,00**	**135,00**	**135,00**	**135,00**	**135,00**	**135,00**
=	**Endsumme**	**825,00**	**800,00**	**780,00**	**780,00**	**780,00**	**780,00**

ANLAGE V RENTABILITÄTSVORSCHAU

Die Gewinnermittlung dient der Überprüfung, feststellen zu können, zu welchem Zeitpunkt der Gewinn einsetzt. Allerdings fallen auch hier die hohen Versicherungsbeiträge sehr ins Gewicht, so dass sich mittelfristig nur wenig Gewinn ermitteln lässt.

Mit Hilfe der nachfolgenden Tabellen konnte der zu erwartende Rohgewinn ermittelt werden. Diesem Rohgewinn werden alle betrieblichen Ausgaben (monatliche Belastungen, Investitionskosten und Kosten für Werbemaßnahmen) entgegengesetzt.

Die Reisekosten werden in dieser Kalkulation mit zu den Werbekosten zusammengefasst.

		Angaben in Euro [€]	Angaben in Euro [€]	Angaben in Euro [€]	Angaben in Euro [€]	Angaben in Euro [€]	Angaben in Euro [€]
		1. Monat	**2. Monat**	**3. Monat**	**4. Monat**	**5. Monat**	**6. Monat**
	Erwartete Umsatzerlöse	**0,00**	**0,00**	**0,00**	**200,00**	**200,00**	**250,00**
-	Wareneinsatz	0,00	0,00	0,00	0,00	0,00	0,00
=	**Rohgewinn**	**0,00**	**0,00**	**0,00**	**200,00**	**200,00**	**250,00**
	Personalkosten	0,00	0,00	0,00	0,00	0,00	0,00
	Raumkosten, Strom	140,00	140,00	140,00	140,00	140,00	140,00
	Betriebliche Steuern	0,00	0,00	0,00	0,00	0,00	0,00
	Versicherungen, Beiträge	450,00	450,00	450,00	450,00	450,00	450,00
	KFZ-Kosten	0,00	0,00	0,00	0,00	0,00	0,00
	Werbe-, Reisekosten	700,00	80,00	30,00	80,00	30,00	70,00
	Reparatur, Instandhaltung	0,00	0,00	0,00	0,00	0,00	0,00
	Telefon, Fax, Internet	60,00	40,00	40,00	40,00	40,00	40,00
	Bürobedarf	150,00	20,00	20,00	60,00	40,00	30,00
	Rechts-, Beratungskosten	150,00	0,00	0,00	0,00	0,00	0,00
	Sonstige Aufwendungen	2.350,00	0,00	0,00	0,00	0,00	0,00
	Zinsaufwendungen	0,00	0,00	0,00	0,00	0,00	0,00
	Sonstiges	190,00	100,00	100,00	100,00	100,00	100,00
=	**Summe Aufwendungen**	**4.190,00**	**830,00**	**780,00**	**870,00**	**800,00**	**830,00**
=	**Betriebsergebnis/Gewinn**	**-4.190,00**	**-830,00**	**-780,00**	**-670,00**	**-600,00**	**-580,00**

		Angaben in Euro [€]	Angaben in Euro [€]	Angaben in Euro [€]	Angaben in Euro [€]	Angaben in Euro [€]	Angaben in Euro [€]
		7. Monat	**8. Monat**	**9. Monat**	**10. Monat**	**11. Monat**	**12. Monat**
	Erwartete Umsatzerlöse	**760,00**	**840,00**	**840,00**	**850,00**	**900,00**	**950,00**
-	Wareneinsatz	0,00	0,00	0,00	0,00	0,00	0,00
=	**Rohgewinn**	**760,00**	**840,00**	**840,00**	**850,00**	**900,00**	**950,00**
	Personalkosten	0,00	0,00	0,00	0,00	0,00	0,00
	Raumkosten, Strom	140,00	140,00	140,00	140,00	140,00	140,00
	Betriebliche Steuern	0,00	0,00	0,00	0,00	0,00	0,00
	Versicherungen, Beiträge	450,00	450,00	450,00	450,00	450,00	450,00
	KFZ-Kosten	0,00	0,00	0,00	0,00	0,00	0,00
	Werbe-, Reisekosten	10,00	80,00	20,00	70,00	20,00	20,00
	Reparatur, Instandhaltung	0,00	0,00	0,00	0,00	0,00	0,00
	Telefon, Fax, Internet	40,00	40,00	40,00	40,00	40,00	40,00
	Bürobedarf	20,00	20,00	30,00	30,00	30,00	30,00
	Rechts-, Beratungskosten	0,00	0,00	0,00	0,00	0,00	0,00
	Sonstige Aufwendungen	0,00	0,00	0,00	0,00	0,00	0,00
	Zinsaufwendungen	0,00	0,00	0,00	0,00	0,00	0,00
	Sonstiges	100,00	100,00	100,00	100,00	100,00	100,00
=	**Summe Aufwendungen**	**760,00**	**830,00**	**780,00**	**830,00**	**780,00**	**780,00**
=	**Betriebsergebnis/Gewinn**	**0,00**	**10,00**	**60,00**	**20,00**	**120,00**	**170,00**

		Angaben in Euro [€]	Angaben in Euro [€]	Angaben in Euro [€]	Angaben in Euro [€]	Angaben in Euro [€]	Angaben in Euro [€]
		13. Monat	**14. Monat**	**15. Monat**	**16. Monat**	**17. Monat**	**18. Monat**
	Erwartete Umsatzerlöse	**1.100,00**	**950,00**	**1.250,00**	**1.400,00**	**1.600,00**	**1.600,00**
-	Wareneinsatz	0,00	0,00	0,00	0,00	0,00	0,00
=	**Rohgewinn**	**1.100,00**	**950,00**	**1.250,00**	**1.400,00**	**1.600,00**	**1.600,00**
	Personalkosten	0,00	0,00	0,00	0,00	0,00	0,00
	Raumkosten, Strom	140,00	140,00	140,00	140,00	140,00	140,00
	Betriebliche Steuern	0,00	0,00	0,00	0,00	0,00	0,00
	Versicherungen, Beiträge	450,00	450,00	450,00	450,00	450,00	450,00
	KFZ-Kosten	0,00	0,00	0,00	0,00	0,00	0,00
	Werbe-, Reisekosten	100,00	40,00	40,00	40,00	40,00	40,00
	Reparatur, Instandhaltung	0,00	0,00	0,00	0,00	0,00	0,00
	Telefon, Fax, Internet	40,00	40,00	40,00	40,00	40,00	40,00
	Bürobedarf	100,00	40,00	30,00	30,00	30,00	30,00
	Rechts-, Beratungskosten	0,00	0,00	0,00	0,00	0,00	0,00
	Sonstige Aufwendungen	0,00	0,00	0,00	0,00	0,00	0,00
	Zinsaufwendungen	0,00	0,00	0,00	0,00	0,00	0,00
	Sonstiges	100,00	100,00	100,00	100,00	100,00	100,00
=	**Summe Aufwendungen**	**930,00**	**810,00**	**800,00**	**800,00**	**800,00**	**800,00**
=	**Betriebsergebnis/Gewinn**	**170,00**	**140,00**	**450,00**	**600,00**	**800,00**	**800,00**

		Angaben in Euro [€]	Angaben in Euro [€]	Angaben in Euro [€]	Angaben in Euro [€]	Angaben in Euro [€]	Angaben in Euro [€]
		19. Monat	**20. Monat**	**21. Monat**	**22. Monat**	**23. Monat**	**24. Monat**
	Erwartete Umsatzerlöse	**1.600,00**	**1.500,00**	**1.500,00**	**1.600,00**	**1.400,00**	**1.600,00**
-	Wareneinsatz	0,00	0,00	0,00	0,00	0,00	0,00
=	**Rohgewinn**	**1.600,00**	**1.500,00**	**1.500,00**	**1.600,00**	**1.400,00**	**1.600,00**
	Personalkosten	0,00	0,00	0,00	0,00	0,00	0,00
	Raumkosten, Strom	140,00	140,00	140,00	140,00	140,00	140,00
	Betriebliche Steuern	0,00	0,00	0,00	0,00	0,00	0,00
	Versicherungen, Beiträge	450,00	450,00	450,00	450,00	450,00	450,00
	KFZ-Kosten	0,00	0,00	0,00	0,00	0,00	0,00
	Werbe-, Reisekosten	35,00	35,00	35,00	35,00	35,00	35,00
	Reparatur, Instandhaltung	0,00	0,00	0,00	0,00	0,00	0,00
	Telefon, Fax, Internet	40,00	40,00	40,00	40,00	40,00	40,00
	Bürobedarf	50,00	20,00	20,00	20,00	20,00	20,00
	Rechts-, Beratungskosten	0,00	0,00	0,00	0,00	0,00	0,00
	Sonstige Aufwendungen	0,00	0,00	0,00	0,00	0,00	0,00
	Zinsaufwendungen	0,00	0,00	0,00	0,00	0,00	0,00
	Sonstiges	100,00	100,00	100,00	100,00	100,00	100,00
=	**Summe Aufwendungen**	**815,00**	**785,00**	**785,00**	**785,00**	**785,00**	**785,00**
=	**Betriebsergebnis/Gewinn**	**785,00**	**715,00**	**715,00**	**815,00**	**615,00**	**815,00**

		Angaben in Euro [€]	Angaben in Euro [€]	Angaben in Euro [€]	Angaben in Euro [€]	Angaben in Euro [€]	Angaben in Euro [€]
		25. Monat	**26. Monat**	**27. Monat**	**28. Monat**	**29. Monat**	**30. Monat**
	Erwartete Umsatzerlöse	**1.700,00**	**1.700,00**	**1.900,00**	**1.800,00**	**1.900,00**	**1.800,00**
-	Wareneinsatz	0,00	0,00	0,00	0,00	0,00	0,00
=	**Rohgewinn**	**1.700,00**	**1.700,00**	**1.900,00**	**1.800,00**	**1.900,00**	**1.800,00**
	Personalkosten	0,00	0,00	0,00	0,00	0,00	0,00
	Raumkosten, Strom	140,00	140,00	140,00	140,00	140,00	140,00
	Betriebliche Steuern	0,00	0,00	0,00	0,00	0,00	0,00
	Versicherungen, Beiträge	450,00	450,00	450,00	450,00	450,00	450,00
	KFZ-Kosten	0,00	0,00	0,00	0,00	0,00	0,00
	Werbe-, Reisekosten	150,00	125,00	35,00	35,00	35,00	35,00
	Reparatur, Instandhaltung	0,00	0,00	0,00	0,00	0,00	0,00
	Telefon, Fax, Internet	40,00	40,00	40,00	40,00	40,00	40,00
	Bürobedarf	30,00	10,00	30,00	15,00	15,00	15,00
	Rechts-, Beratungskosten	0,00	0,00	0,00	0,00	0,00	0,00
	Sonstige Aufwendungen	0,00	0,00	0,00	0,00	0,00	0,00
	Zinsaufwendungen	0,00	0,00	0,00	0,00	0,00	0,00
	Sonstiges	100,00	100,00	100,00	100,00	100,00	100,00
=	**Summe Aufwendungen**	**910,00**	**865,00**	**795,00**	**780,00**	**780,00**	**780,00**
=	**Betriebsergebnis/Gewinn**	**790,00**	**835,00**	**1.105,00**	**1.020,00**	**1.120,00**	**1.020,00**

		Angaben in Euro [€]	Angaben in Euro [€]	Angaben in Euro [€]	Angaben in Euro [€]	Angaben in Euro [€]	Angaben in Euro [€]
		31. Monat	**32. Monat**	**33. Monat**	**34. Monat**	**35. Monat**	**36. Monat**
	Erwartete Umsatzerlöse	**1.850,00**	**1.850,00**	**1.600,00**	**1.650,00**	**1.800,00**	**1.850,00**
-	Wareneinsatz	0,00	0,00	0,00	0,00	0,00	0,00
=	**Rohgewinn**	**1.850,00**	**1.850,00**	**1.600,00**	**1.650,00**	**1.800,00**	**1.850,00**
	Personalkosten	0,00	0,00	0,00	0,00	0,00	0,00
	Raumkosten, Strom	140,00	140,00	140,00	140,00	140,00	140,00
	Betriebliche Steuern	0,00	0,00	0,00	0,00	0,00	0,00
	Versicherungen, Beiträge	450,00	450,00	450,00	450,00	450,00	450,00
	KFZ-Kosten	0,00	0,00	0,00	0,00	0,00	0,00
	Werbe-, Reisekosten	80,00	55,00	35,00	35,00	35,00	35,00
	Reparatur, Instandhaltung	0,00	0,00	0,00	0,00	0,00	0,00
	Telefon, Fax, Internet	40,00	40,00	40,00	40,00	40,00	40,00
	Bürobedarf	15,00	15,00	15,00	15,00	15,00	15,00
	Rechts-, Beratungskosten	0,00	0,00	0,00	0,00	0,00	0,00
	Sonstige Aufwendungen	0,00	0,00	0,00	0,00	0,00	0,00
	Zinsaufwendungen	0,00	0,00	0,00	0,00	0,00	0,00
	Sonstiges	100,00	100,00	100,00	100,00	100,00	100,00
=	**Summe Aufwendungen**	**825,00**	**800,00**	**780,00**	**780,00**	**780,00**	**780,00**
=	**Betriebsergebnis/Gewinn**	**1.025,00**	**1.050,00**	**820,00**	**870,00**	**1.020,00**	**1.070,00**

ANLAGE VI RENTABILITÄTSVORSCHAU ALS JAHRESPROGNOSE

In nachfolgender Tabelle sind die geplanten Umsatzerlöse den geplanten Kosten in ihrer Summe jeweils jährlich gegenübergestellt.

Im ersten Geschäftsjahr sind mehr Kosten als Umsatzerlöse zu erwarten, was ein negatives Betriebsergebnis nach sich zieht. Das Unternehmen erholt im Laufe des zweiten Geschäftsjahres und kann von diesem Zeitpunkt an von einem positiven Betriebsergebnis ausgehen.

		Angaben in Euro [€]	**Angaben in Euro [€]**	**Angaben in Euro [€]**
		1. Jahr	**2. Jahr**	**3. Jahr**
	Erwartete Umsatzerlöse	**5.790,00**	**17.100,00**	**21.400,00**
-	Wareneinsatz	0,00	0,00	0,00
=	**Rohgewinn**	**5.790,00**	**17.100,00**	**21.400,00**
+	Sonstige betriebliche Erträge (z. B. Mieten)	0,00	0,00	0,00
	Aufwendungen			
	Personalkosten	0,00	0,00	0,00
	Raumkosten, Strom	1.680,00	1.680,00	1.680,00
	Betriebliche Steuern	0,00	0,00	0,00
	Versicherungen, Beiträge	5.400,00	5.400,00	5.400,00
	KFZ-Kosten	0,00	0,00	0,00
	Werbe-, Reisekosten	1.210,00	510,00	690,00
	Reparaturen, Instandhaltung	0,00	0,00	0,00
	Telefon, Fax, Internet	500,00	480,00	480,00
	Bürobedarf	480,00	410,00	205,00
	Rechts-, Beratungskosten	150,00	0,00	0,00
	Sonstige Aufwendungen	2.350,00	0,00	0,00
	Zinsaufwendungen	0,00	0,00	0,00
	Abschreibungen	0,00	0,00	0,00
	Sonstiges	1.290,00	1.200,00	1.200,00
=	**Summe Aufwendungen**	**13.060,00**	**9.680,00**	**9.655,00**
=	**Betriebsergebnis/Gewinn**	**-7.270,00**	**7.420,00**	**11.745,00**

ANLAGE VII LIQUIDITÄTSVORSCHAU

Liquidität bedeutet die Verfügbarkeit über ausreichend Zahlungsmittel. In die Kalkulation mit einbezogen werden hier die finanziellen Mittel des privaten Kapitalgebers und die Eigenmittel der Unternehmensgründerin. Durch diese wird der Finanzierungs- bzw. Kapitalbedarf im ersten Monat in Höhe von 4.190,00 Euro gedeckt und des Weiteren kann eine Sicherheitsreserve von 400,00 Euro abgerufen werden.

In nachfolgenden Tabellen wird eine Vorschau von insgesamt 36 Monaten gegeben. Der erste Monat weist die überdurchschnittlich hohen Ausgaben auf, die jedoch durch das zinslose Darlehen und das Eigenkapital von Frau Müller ausgeglichen werden können. Die geringen anfänglichen Einnahmen lassen sich dadurch erklären, dass erst Werbemaßnahmen erfolgreich initiiert werden müssen, damit Kunden gewonnen werden können. Zudem müssen die abzusetzenden Texte erst geschrieben werden.

Unter „Sonstiges" werden alle sonstigen Kosten der Anlage II Investitionsbedarf, die Kosten für Telefon und Internet, die Rechts- und Beratungskosten sowie die Reisekosten zusammengefasst. Das ergibt für den ersten Monat 400,00 Euro und für die nachfolgenden Monat zwischen 140,00 Euro und 240,00 Euro.

		Angaben in Euro [€]	Angaben in Euro [€]	Angaben in Euro [€]	Angaben in Euro [€]	Angaben in Euro [€]	Angaben in Euro [€]
		1. Monat	**2. Monat**	**3. Monat**	**4. Monat**	**5. Monat**	**6. Monat**
	Bestand an flüssigen Mitteln	7.600,00	3.410,00	2.580,00	1.800,00	1.130,00	530,00
	Zahlungseingänge	0,00	0,00	0,00	200,00	200,00	250,00
=	**Summe verfügbare Mittel**	**7.600,00**	**3.410,00**	**2.580,00**	**2.000,00**	**1.330,00**	**780,00**
	Zahlungsausgänge	0,00	0,00	0,00	0,00	0,00	0,00
	Löhne, Gehälter	0,00	0,00	0,00	0,00	0,00	0,00
	Sozialabgaben	0,00	0,00	0,00	0,00	0,00	0,00
	Lieferanten	0,00	0,00	0,00	0,00	0,00	0,00
	Bareinkäufe	150,00	20,00	20,00	60,00	40,00	30,00
	Marketing	700,00	80,00	30,00	30,00	30,00	20,00
	Vertrieb	0,00	0,00	0,00	0,00	0,00	0,00
	Investitionen	2.350,00	0,00	0,00	0,00	0,00	0,00
	Kreditzinsen	0,00	0,00	0,00	0,00	0,00	0,00
	Kredittilgung	0,00	0,00	0,00	0,00	0,00	0,00
	Miete, Nebenkosten	140,00	140,00	140,00	140,00	140,00	140,00
	Versicherung	450,00	450,00	450,00	450,00	450,00	450,00
	Privatentnahmen	0,00	0,00	0,00	0,00	0,00	0,00
	Sonstiges	400,00	140,00	140,00	190,00	140,00	190,00
=	**Summe Ausgaben**	**4.190,00**	**830,00**	**780,00**	**870,00**	**800,00**	**830,00**
+	Sicherheitsreserve	0,00	0,00	0,00	0,00	0,00	400,00
+/-	Überschuss/ Fehlbetrag Vormonat	0,00	3.410,00	2.580,00	2.000,00	1.330,00	780,00
=	**Ergebnis Liquidität**	**3.410,00**	**2.580,00**	**1.800,00**	**1.130,00**	**530,00**	**350,00**

		Angaben in Euro [€]	Angaben in Euro [€]	Angaben in Euro [€]	Angaben in Euro [€]	Angaben in Euro [€]	Angaben in Euro [€]
		7. Monat	**8. Monat**	**9. Monat**	**10. Monat**	**11. Monat**	**12. Monat**
	Bestand an flüssigen Mitteln	350,00	350,00	360,00	420,00	440,00	560,00
	Zahlungseingänge	760,00	840,00	840,00	850,00	900,00	950,00
=	**Summe verfügbare Mittel**	**1.110,00**	**1.190,00**	**1.200,00**	**1.270,00**	**1.340,00**	**1.510,00**
	Zahlungsausgänge	0,00	0,00	0,00	0,00	0,00	0,00
	Löhne, Gehälter	0,00	0,00	0,00	0,00	0,00	0,00
	Sozialabgaben	0,00	0,00	0,00	0,00	0,00	0,00
	Lieferanten	0,00	0,00	0,00	0,00	0,00	0,00
	Bareinkäufe	20,00	20,00	30,00	30,00	30,00	30,00
	Marketing	10,00	30,00	20,00	20,00	20,00	20,00
	Vertrieb	0,00	0,00	0,00	0,00	0,00	0,00
	Investitionen	0,00	0,00	0,00	0,00	0,00	0,00
	Kreditzinsen	0,00	0,00	0,00	0,00	0,00	0,00
	Kredittilgung	0,00	0,00	0,00	0,00	0,00	0,00
	Miete, Nebenkosten	140,00	140,00	140,00	140,00	140,00	140,00
	Versicherung	450,00	450,00	450,00	450,00	450,00	450,00
	Privatentnahmen	0,00	0,00	0,00	0,00	0,00	0,00
	Sonstiges	140,00	190,00	140,00	190,00	140,00	140,00
=	**Summe Ausgaben**	**760,00**	**830,00**	**780,00**	**830,00**	**780,00**	**780,00**
+	Sicherheitsreserve	0,00	0,00	0,00	0,00	0,00	0,00
+/-	Überschuss/ Fehlbetrag Vormonat	1.110,00	1.190,00	1.200,00	1.270,00	1.340,00	1.510,00
=	**Ergebnis Liquidität**	**350,00**	**360,00**	**420,00**	**440,00**	**560,00**	**730,00**

FORTSETZUNG							
=	**Ergebnis Liquidität**	**350,00**	**360,00**	**420,00**	**440,00**	**560,00**	**730,00**
-	Sicherheitsreserve						400,00
=	**Sicherheitsreserve**						**400,00**
=	**Ergebnis Liquidität**						**330,00**

		Angaben in Euro [€]	**Angaben in Euro [€]**	**Angaben in Euro [€]**	**Angaben in Euro [€]**	**Angaben in Euro [€]**	**Angaben in Euro [€]**
		13. Monat	**14. Monat**	**15. Monat**	**16. Monat**	**17. Monat**	**18. Monat**
	Bestand an flüssigen Mitteln	330,00	500,00	640,00	1.090,00	1.690,00	2.490,00
	Zahlungseingänge	1.100,00	950,00	1.250,00	1.400,00	1.600,00	1.600,00
=	**Summe verfügbare Mittel**	**1.430,00**	**1.450,00**	**1.890,00**	**2.490,00**	**3.290,00**	**4.090,00**
	Zahlungsausgänge	0,00	0,00	0,00	0,00	0,00	0,00
	Löhne, Gehälter	0,00	0,00	0,00	0,00	0,00	0,00
	Sozialabgaben	0,00	0,00	0,00	0,00	0,00	0,00
	Lieferanten	0,00	0,00	0,00	0,00	0,00	0,00
	Bareinkäufe	100,00	40,00	30,00	30,00	30,00	30,00
	Marketing	80,00	20,00	20,00	20,00	20,00	20,00
	Vertrieb	0,00	0,00	0,00	0,00	0,00	0,00
	Investitionen	0,00	0,00	0,00	0,00	0,00	0,00
	Kreditzinsen	0,00	0,00	0,00	0,00	0,00	0,00
	Kredittilgung	0,00	0,00	0,00	0,00	0,00	0,00
	Miete, Nebenkosten	140,00	140,00	140,00	140,00	140,00	140,00
	Versicherung	450,00	450,00	450,00	450,00	450,00	450,00
	Privatentnahmen	0,00	0,00	0,00	0,00	0,00	0,00
	Sonstiges	160,00	160,00	160,00	160,00	160,00	160,00
=	**Summe Ausgaben**	**930,00**	**810,00**	**800,00**	**800,00**	**800,00**	**800,00**
+	Sicherheitsreserve	0,00	0,00	0,00	0,00	0,00	0,00
+/-	Überschuss/ Fehlbetrag Vormonat	1.430,00	1.450,00	1.890,00	2.490,00	3.290,00	4.090,00
=	**Ergebnis Liquidität**	**500,00**	**640,00**	**1.090,00**	**1.690,00**	**2.490,00**	**3.290,00**

		Angaben in Euro [€]	Angaben in Euro [€]	Angaben in Euro [€]	Angaben in Euro [€]	Angaben in Euro [€]	Angaben in Euro [€]
		19. Monat	**20. Monat**	**21. Monat**	**22. Monat**	**23. Monat**	**24. Monat**
	Bestand an flüssigen Mitteln	3.290,00	4.075,00	4.790,00	505,00	1.320,00	1.935,00
	Zahlungseingänge	1.600,00	1.500,00	1.500,00	1.600,00	1.400,00	1.600,00
=	**Summe verfügbare Mittel**	**4.890,00**	**5.575,00**	**6.290,00**	**2.105,00**	**2.720,00**	**3.535,00**
	Zahlungsausgänge	0,00	0,00	0,00	0,00	0,00	0,00
	Löhne, Gehälter	0,00	0,00	0,00	0,00	0,00	0,00
	Sozialabgaben	0,00	0,00	0,00	0,00	0,00	0,00
	Lieferanten	0,00	0,00	0,00	0,00	0,00	0,00
	Bareinkäufe	50,00	20,00	20,00	20,00	20,00	20,00
	Marketing	15,00	15,00	15,00	15,00	15,00	15,00
	Vertrieb	0,00	0,00	0,00	0,00	0,00	0,00
	Investitionen	0,00	0,00	0,00	0,00	0,00	0,00
	Kreditzinsen	0,00	0,00	0,00	0,00	0,00	0,00
	Kredittilgung	0,00	0,00	0,00	0,00	0,00	0,00
	Miete, Nebenkosten	140,00	140,00	140,00	140,00	140,00	140,00
	Versicherung	450,00	450,00	450,00	450,00	450,00	450,00
	Privatentnahmen	0,00	0,00	0,00	0,00	0,00	0,00
	Sonstiges	160,00	160,00	160,00	160,00	160,00	160,00
=	**Summe Ausgaben**	**815,00**	**785,00**	**785,00**	**785,00**	**785,00**	**785,00**
+	Sicherheitsreserve	0,00	0,00	0,00	0,00	0,00	0,00
+/-	Überschuss/ Fehlbetrag Vormonat	4.890,00	5.575,00	6.290,00	2.105,00	2.720,00	3.535,00
=	**Ergebnis Liquidität**	**4.075,00**	**4.790,00**	**5.505,00**	**1.320,00**	**1.935,00**	**2.750,00**

FORTSETZUNG							
=	**Ergebnis Liquidität**	**4.075,00**	**4.790,00**	**5.505,00**	**1.320,00**	**1.935,00**	**2.750,00**
-	Zinsloses Darlehen			5.000,00			
=	**Ergebnis Liquidität**			**505,00**			

		Angaben in Euro [€]	Angaben in Euro [€]	Angaben in Euro [€]	Angaben in Euro [€]	Angaben in Euro [€]	Angaben in Euro [€]
		25. Monat	**26. Monat**	**27. Monat**	**28. Monat**	**29. Monat**	**30. Monat**
	Bestand an flüssigen Mitteln	2.750,00	3.540,00	4.375,00	5.480,00	6.500,00	7.620,00
	Zahlungseingänge	1.700,00	1.700,00	1.900,00	1.800,00	1.900,00	1.800,00
=	**Summe verfügbare Mittel**	**4.450,00**	**5.240,00**	**6.275,00**	**7.280,00**	**8.400,00**	**9.420,00**
	Zahlungsausgänge	0,00	0,00	0,00	0,00	0,00	0,00
	Löhne, Gehälter	0,00	0,00	0,00	0,00	0,00	0,00
	Sozialabgaben	0,00	0,00	0,00	0,00	0,00	0,00
	Lieferanten	0,00	0,00	0,00	0,00	0,00	0,00
	Bareinkäufe	30,00	10,00	30,00	15,00	15,00	15,00
	Marketing	50,00	25,00	15,00	15,00	15,00	15,00
	Vertrieb	0,00	0,00	0,00	0,00	0,00	0,00
	Investitionen	0,00	0,00	0,00	0,00	0,00	0,00
	Kreditzinsen	0,00	0,00	0,00	0,00	0,00	0,00
	Kredittilgung	0,00	0,00	0,00	0,00	0,00	0,00
	Miete, Nebenkosten	140,00	140,00	140,00	140,00	140,00	140,00
	Versicherung	450,00	450,00	450,00	450,00	450,00	450,00
	Privatentnahmen	0,00	0,00	0,00	0,00	0,00	0,00
	Sonstiges	240,00	240,00	160,00	160,00	160,00	160,00
=	**Summe Ausgaben**	**910,00**	**865,00**	**795,00**	**780,00**	**780,00**	**780,00**
+	Sicherheitsreserve	0,00	0,00	0,00	0,00	0,00	0,00
+/-	Überschuss/ Fehlbetrag Vormonat	4.450,00	5.240,00	6.275,00	7.280,00	8.400,00	9.420,00
=	**Ergebnis Liquidität**	**3.540,00**	**4.375,00**	**5.480,00**	**6.500,00**	**7.620,00**	**8.640,00**

		Angaben in Euro [€]	Angaben in Euro [€]	Angaben in Euro [€]	Angaben in Euro [€]	Angaben in Euro [€]	Angaben in Euro [€]
		31. Monat	**32. Monat**	**33. Monat**	**34. Monat**	**35. Monat**	**36. Monat**
	Bestand an flüssigen Mitteln	8.640,00	9.665,00	10.715,00	11.535,00	12.405,00	13.425,00
	Zahlungseingänge	1.850,00	1.850,00	1.600,00	1.650,00	1.800,00	1.850,00
=	**Summe verfügbare Mittel**	**10.490,00**	**11.515,00**	**12.315,00**	**13.185,00**	**14.205,00**	**15.275,00**
	Zahlungsausgänge	0,00	0,00	0,00	0,00	0,00	0,00
	Löhne, Gehälter	0,00	0,00	0,00	0,00	0,00	0,00
	Sozialabgaben	0,00	0,00	0,00	0,00	0,00	0,00
	Lieferanten	0,00	0,00	0,00	0,00	0,00	0,00
	Bareinkäufe	15,00	15,00	15,00	15,00	15,00	15,00
	Marketing	60,00	35,00	15,00	15,00	15,00	15,00
	Vertrieb	0,00	0,00	0,00	0,00	0,00	0,00
	Investitionen	0,00	0,00	0,00	0,00	0,00	0,00
	Kreditzinsen	0,00	0,00	0,00	0,00	0,00	0,00
	Kredittilgung	0,00	0,00	0,00	0,00	0,00	0,00
	Miete, Nebenkosten	140,00	140,00	140,00	140,00	140,00	140,00
	Versicherung	450,00	450,00	450,00	450,00	450,00	450,00
	Privatentnahmen	0,00	0,00	0,00	0,00	0,00	0,00
	Sonstiges	160,00	160,00	160,00	160,00	160,00	160,00
=	**Summe Ausgaben**	**825,00**	**800,00**	**780,00**	**780,00**	**780,00**	**780,00**
+	Sicherheitsreserve	0,00	0,00	0,00	0,00	0,00	0,00
+/-	Überschuss/ Fehlbetrag Vormonat	10.490,00	11.515,00	12.315,00	13.185,00	14.205,00	15.275,00
	Ergebnis Liquidität	**9.665,00**	**10.715,00**	**11.535,00**	**12.405,00**	**13.425,00**	**14.495,00**

Printed by Books on Demand GmbH, Norderstedt / Germany